Albert Stähli

# DIE MAUREN

Albert Stähli

## DIE MAUREN

Meister der Toleranz, Vielfalt und Bildung

إليكم من الأديب
ألبارت ستاهلي

Albert, 5. April 2016

**Frankfurter Allgemeine Buch**

Bibliografische Information der Deutschen Nationalbibliothek
Die Deutsche Nationalbibliothek verzeichnet diese Publikation
in der Deutschen Nationalbibliografie; detaillierte bibliografische
Daten sind im Internet über http://dnb.d-nb.de abrufbar.

Albert Stähli
**Die Mauren**
Meister der Toleranz, Vielfalt und Bildung

Frankfurter Societäts-Medien GmbH
Frankenallee 71–81
60327 Frankfurt am Main
Geschäftsführung: Oliver Rohloff

1. Auflage
Frankfurt am Main 2016

ISBN 978-3-95601-153-5

**Frankfurter Allgemeine Buch**

| | |
|---|---|
| Copyright | Frankfurter Societäts-Medien GmbH |
| | Frankenallee 71–81 |
| | 60327 Frankfurt am Main |
| Umschlag | Julia Desch, Frankfurt am Main |
| Satz | Wolfgang Barus, Frankfurt am Main |
| Titelbild | Julia Desch |
| | Der Schriftzug auf dem Titelbild steht an den Wänden |
| | der maurischen Burg Alhambra in Granada und heißt übersetzt |
| | „Es gibt keinen Sieger außer Allah". |
| Druck | CPI books GmbH, Leck |

Alle Rechte, auch die des auszugsweisen Nachdrucks, vorbehalten.

Printed in Germany

Für Nada, Esther und Elisabeth

# Inhalt

Kapitel 1 — 9
**Im Namen des einen Gottes**
Eine Einführung

Kapitel 2 — 19
**Allahu Akbar!**
Von der kühnen Eroberung Hispaniens bis zum
Untergang der Kulturhauptstadt Córdoba

Kapitel 3 — 51
**Santiago!**
Die Reconquista und das unrühmliche Ende
der maurischen Herrschaft in Iberien

Kapitel 4 — 85
**Der Paradiesgarten von al-Andalus**
Leben und Sterben auf der iberischen Halbinsel

Kapitel 5 — 111
**Kunst und Kultur im maurischen Spanien**
Leuchtturm Europas in Wissenschaften, Philosophie,
Medizin

Kapitel 6 — 137
**Was wir von den Mauren lernen können**
Toleranz, Diversität, Großzügigkeit – und lehre
den Nachwuchs alles, was dein Werk braucht, um
zu wachsen

Kapitel 7
**Blick zurück im Dank** 187

Abbildungsnachweise 191

Literatur 193

Der Autor 199

**Hinweis**
Seit jeher werden die arabischen Schriftzeichen auf unterschiedliche Weise ins Lateinische transkribiert. Der besseren Lesbarkeit halber wird in diesem Buch auf Akzente und Apostrophe außerhalb von Zitaten verzichtet und die gängige latinisierte Variante der arabischen Namen verwendet. Dabei bleibt die Aufteilung in Namensbestandteile weitgehend erhalten.

KAPITEL I

# Im Namen des einen Gottes
Eine Einführung

Zwischen 711 und 1492 gehörte der Islam zu Europa. Fast acht Jahrhunderte lang regierten Emire und Kalifen im Südwesten des christlichen Abendlandes, auf der iberischen Halbinsel, die sich heute Spanien, Gibraltar, Portugal und Andorra teilen. Den Herrschern im Hispanien dieser Epoche galt nicht die Bibel als Buch der Bücher, sondern die Botschaft des Korans, der den Anspruch erhob, alle Lebensbereiche, religiös wie weltlich, neu zu bestimmen. Verkündet wurde er um das Jahr 610 von Mohammed, einem gut angesehenen und redegewandten Kaufmann aus Mekka. Erzengel Gabriel hatte ihn der Überlieferung zufolge zum Gesandten Allahs erkoren. Mohammed tat, wie ihm geheißen, und das Wort des Propheten griff um sich wie ein Feuersturm. Es sprang von Herz zu Herz und raste in einem einzigen Menschenalter über einen Raum, der vom Ufer des Indus über Nordafrika bis zum Atlantik reicht.

Um die entflammende Wirkung der Lehre Mohammeds verstehen zu können, muss man wissen, dass die Hauptstadt der Provinz Mekka in der Region Hedschas nach dem Zerfall des jemenitischen Reiches wirtschaftlich und kulturell eine zentrale Stellung innerhalb Arabiens innehatte. Mekka bewahrte zahlreiche Heiligtümer, allen voran die Kaaba, ein fensterloses, würfelförmiges Gebäude im Hof der Hauptmoschee, das nach islamischer Auffassung erstmals vom Propheten Adam errichtet und später vom Propheten Abraham wiedererbaut wurde. Es ist historisch gesichert, dass die Kaaba schon in vorislamischer Zeit ein zentrales Heiligtum der arabischen Stämme des Umlandes war. In ihrer südöstlichen Ecke befindet sich ein schwarzer Stein – möglicherweise ein Hadschar (Meteorit), den der Überlieferung nach der Prophet Abraham vom Erzengel Gabriel empfing.

Nach Mohammeds Tod im Jahr 632 traten orthodoxe Kalifen (auf Arabisch bedeutet „chalifa" Nachfolger) an seine Stelle. Sie setzten das Werk des Religionsstifters fort und festigten es, indem sie Persien, Syrien und Ägypten eroberten. So entstand ein großes, theokratisch geprägtes Reich, in dem der Kalif im Namen Allahs die islamische Gemeinschaft politisch und religiös einte.

### Was der Koran die Gläubigen lehrt

Die Lehre des Islam (arabisch: Ergebung in Gott) wird durch den Koran (Lesung, Rezitation) bestimmt. Er ist in einer speziellen Reimprosa abgefasst und besteht aus 114 Suren, die wiederum eine unterschiedliche Anzahl an Versen umfassen.

Neben der göttlichen Botschaft enthält der Koran Verhaltensregeln für das Leben in Gesellschaft und Familie. So bildet er die wichtigste Grundlage der islamischen Gesetzgebung. Eine zweite kam später hinzu. Weil nicht alle Lebensbereiche im Ursprungskoran erfasst sind, wurde das Werk noch zu Lebzeiten Mohammeds um Aussprüche und Taten des Propheten sowie seiner Gefährten und Nachfolger ergänzt. Man nennt dies die islamische Tradition (Sunna).

Der Koran gibt die Pflichten eines gläubigen Muslims enumerativ an. Es sind dies: (1) das Glaubensbekenntnis („Es gibt keinen Gott außer Allah und Mohammed ist sein Prophet"), (2) das fünf Mal am Tag zu verrichtende Gebet (salat), (3) die Almosenabgabe (sakat), die von einer ursprünglich freiwilligen Gabe in eine Steuer umgewandelt wurde, (4) das Fasten im Monat Ramadan (saum) von Sonnenaufgang bis Sonnenuntergang sowie (5) die Hadsch, die mindestens einmal im Leben durchzuführende Pilgerfahrt nach Mekka.

Die Gemeinschaft aller Muslime bildet das sogenannte Haus des Islam (Dar al-Islam), die der Nichtmuslime das Haus des Krieges (Dar al-Harb). Das führt zum Begriff des Dschihad (Heiliger Krieg). Anders als es kämpferische Islamisten verstehen und glauben machen wollen, ist der Dschihad aber kein Pfeiler des Islam. Denn es lebten und leben viele nichtmuslimische Völker unter seiner Herrschaft, darunter Juden und Christen, die mit Verweis auf gemeinsame Wurzeln mit dem Islam einen Sonderstatus genossen und genießen.

Wie die Korona eines Sterns entzündete die Lehre Mohammeds bei ihrer Verbreitung durch Zeitzeugen und Mitstreiter die Begeisterung der Menschen. „Was das Faszinierende am Koran auszumachen scheint, ist die Mischung von vertrauter, völlig verständlicher Rede mit Unvertrautem, nie in dieser Weise Gehörten", mutmaßt der Islamwissenschaftler Hartmut Bobzin, schreibt dieses Faszinosum vor allem dem Propheten selbst zu und verweist auf zeitgenössische Quellen, die den „Zauber in der Rede" loben.

Inhaltlich richtet sich die neue Religion entschieden gegen den damals in Arabien herrschenden Polytheismus und die Verehrung von Götzenbildern. Bereits vor Mohammeds Erleuchtung hatten die beduinischen Einwohner Zentralarabiens den Hochgott *al-ilah* als Schöpfer der Welt verehrt. Sein Wirken wurde von dem einer ganzen Reihe anderer Götter umrahmt. Sehnten sich die Araber womöglich nach einer singulären Licht- und Hoffnungsgestalt, wie sie Mose im jüdischen und Jesus im christlichen Glauben verkörperten? „Bis heute gibt es keine restlos überzeugende historische Erklärung für den ungeheuren Erfolg von Mohammeds Auftreten und die dadurch initiierte rasche territoriale Ausbreitung des Islams", lässt Bobzin die Frage offen. Der Islam habe sowohl altarabische als auch jüdische und christliche Elemente in sich aufgenommen, verkörpere aber gleichwohl etwas völlig Neues, „das in keiner Weise als bloße Summe altarabischer, jüdischer und christlicher Einflüsse verstanden werden kann." (Bobzin, H., 2000/2011, S. 52)

Nach dem Tode Mohammeds spaltet sich die islamische Urgemeinde (umma). In der einen politischen Partei (Schia) sammeln sich die Anhänger Alis (Schiiten genannt), des Schwiegersohns Mohammeds und vierten Kalifen. Die andere (Sunna), der Tradition des Propheten stärker verbundene Gruppierung, geht zurück auf Muawija, den Begründer der Umayyadendynastie. Die bis heute zahlenmäßig weit überlegenen Sunniten stellen den orthodoxen Flügel im Islam, nach Ali die Abfolge der arabischen Kalifen in den Dynastien der Umayyaden und Abbasiden und später auch die osmanischen Sultane, welche die Nachfolge der Kalifen von Bagdad antraten (vgl. Buchta, W., 2004, S. 11 ff.). Nach dem islamischen Schisma entstanden um bedeutende geistliche Führer herum weitere islamische Sekten, deren politische Bedeutung aber nicht an die der Schiiten und Sunniten heranreicht.

### Der Koran trifft auf die Bibel

Im siebten Jahrhundert, während sich die christlichen Franken zur bedeutendsten Macht in Westeuropa formieren (vgl. Stähli, A., 2015a) und den byzantinischen Kaisern im Osten mit den arabischen Völkern ein neuer Gegner erwächst, fällt Mohammeds Botschaft im arabischen Raum auf fruchtbaren Boden. Binnen weniger Jahrzehnte nehmen Arabien, Syrien, Persien, Ägypten, die Levante sowie die von Berbern besiedelten Regionen des Maghreb den neuen Glauben an. Doch weit entfernt vom Brandherd auf der arabischen Halbinsel, an den südwestlichen Gestaden des Mare Nostrum, des Mittelmeeres, leben Menschen fremder

Art. Sie glauben an Gott, dessen Sohn Jesus und den Heiligen Geist, folgen der Bibel und sind vom Ruf Allahs nicht berührt. Die Meeresstraße, die Karthago von Sizilien scheidet, und die Meerenge, die zwischen Afrika und dem spanischen Festland liegt, sind für die Ausbreitung des Islams nicht nur natürliche, sondern auch geistige Grenzen. Und doch werden sie überwunden – an ihrer schwächsten Stelle.

Am Gegenufer Nordwestafrikas liegt die spanische Küste. Aus südlicher Sicht beginnt hier das Reich der Westgoten. Sie sind ein kriegerisches Volk, das vielen germanischen Völkern Niederlagen bereitet hat. Die Westgoten haben gegen Hunnen, Burgunder, Franken, Vandalen, Alanen und Sueben gefochten und ihre Erfolge allein nach der Kopfzahl der getöteten Feinde bemessen. Kampfeswütig haben sie einen Großteil der Vandalen fast vollständig vernichtet, die Sueben teils in die Bergwüste Asturiens und Galiciens gehetzt, teils nach Nordafrika vertrieben, freie Bauern zu Knechten gemacht und sich in internen Machtkämpfen ihrer eigenen Adligen entledigt. Die iberische Halbinsel gehört ihnen, aber es drohen Gefahren. Zu Beginn des 8. Jahrhunderts preschen im Norden die Franken heran, die Sueben erheben sich, und dem westgotischen König Roderich erwächst mit dem Fürsten Agila ein Gegenspieler. Als die Anhänger Mohammeds an der afrikanischen Küste zum großen Sprung ansetzen, ist das westgotische Spanien bis ins Mark geschwächt. Ringsum nur versengte, in endlosen Bruderkriegen leer geblutete Gaue. Jetzt, in der Stunde der furchtbaren Bedrohung, fehlen ihnen die Bundesgenossen.

Zu dieser Zeit – wir stehen an der Wende des 7. zum 8. Jahrhundert – ist die Botschaft des Korans bis weit zu den Berberstämmen in Nordafrika vorgedrungen. Sie leben als Bauern und Handwerker oder ziehen als Nomaden durch die kargen Landstriche des Maghrebs. Bereits die Römer hatten es in Nordafrika oft mit plündernden Stämmen zu tun gehabt, die man „Mauri" oder „Marusier" (möglicherweise von griechisch mauros, dunkel) nannte. Während des Zerfalls des weströmischen Reiches in der Spätantike hatten sich kleine, maurische Fürstentümer gebildet, mit denen sich schon die Vandalen und das Exarchat von Karthago auseinandersetzen mussten. Erst den muslimischen Arabern gelingt es, die kämpferischen Berber, die nun den Islam annehmen, zu kontrollieren und als Bundesgenossen für ihren Feldzug gegen die „Ungläubigen" jenseits der Straße von Gibraltar zu gewinnen.

### Von den Berbern zu den Mauren

Der Begriff „Mauren" wird heute im Deutschen für die Gesamtheit der muslimischen Bewohner von al-Andalus in der Zeit von 711 bis 1492 verwendet: Das islamische Spanien entspricht dem maurischen Spanien. Im engeren Sinne gilt dieser Terminus aber ausschließlich als Bezeichnung für die aus Nordafrika nach Iberien gekommenen Berber. Franz Wördemann (1985) präzisiert noch weiter, wenn er das Wort „Mauren" nur für die iberischen Muslime ab dem zehnten Jahrhundert anwendet, weil sich ab jener Zeit

Zugehörigkeitsgefühl und Identität nicht mehr über die ethnische Abstammung definieren, sondern vielmehr über die Region, in der man lebte. Wissenschaftlich ist diese idealisierende Definition allerdings nicht haltbar. Vor allem das berberische Element hat für viele Jahrhunderte seinen identitätsstiftenden Charakter beibehalten und besonders bei den Dynastien der Almoraviden und Almohaden *(siehe Kapitel 3)* noch an Wichtigkeit zugenommen.

Doch zurück zu den Anfängen. Nicht nur die fruchtbare Region des südlichen Hispaniens und die junge, begeisternde Religion treiben Araber und Berber über das Meer und auf das ihnen unbekannte Land. Es geht auch gegen die Herrschaft von Byzanz, das sich bislang auf den Meeren übermächtig zeigt, den Ost-West-Handel kontrolliert und deshalb viele Feinde hat. Im Zweistromland, in der Kyrenaika, in Karthago erheben sich die Völker gegen den oströmischen Kaiser. Der Wasserweg nach Byzanz liegt offen vor den arabischen Flotten. Zypern und Rhodos sind bereits gefallen. Schon stehen arabisch-islamische Truppen weiter im Osten als einst der große Alexander, und sogar das Pandschab brennt. Aber auch westwärts, entlang der nordafrikanischen Küste, flammen die Dörfer auf, und langsam dringen die Eroberer gegen den Atlantik vor. Nun beginnen die Streiter Allahs auch hier, Schiffe zu bauen. Und die Reiter der Wüste erweisen sich plötzlich als tüchtige Seeleute und führen den Kampf auf den Planken von wendigen Hochseeschiffen fort.

Das ist die Ausgangslage, bei der die hochdramatische Geschichte um Glauben gegen Glauben, Toleranz gegen Intoleranz, Moscheen gegen Kathedralen und Kalifenwürde gegen Königskrone einsetzt. In ihrer Folge wird die iberische Halbinsel knapp achthundert Jahre lang eine islamische Enklave sein, zunächst ganz, später nur im sonnenverbrannten Süden. Doch im maurischen Andalusien entflammen die Feuer nicht, die nach der Zurückeroberung Spaniens durch die katholischen Könige Ferdinand und Isabella die Scheiterhaufen der Welt in Brand setzen werden. Diese besonders dunkle Epoche des Christentums hebt erst an, nachdem der letzte Muslim zwangsgetauft oder aus Spanien vertrieben und der letzte Koran in al-Andalus dem Feuer übergeben worden ist.

KAPITEL 2

# Allahu Akbar!

Von der kühnen Eroberung Hispaniens bis zum Untergang der Kulturhauptstadt Córdoba

Es beginnt wie ein ganz normaler Raubzug. Ghassiya oder, abgeleitet davon, Razzia heißen die plötzlichen Überfälle der nordafrikanischen Reiternomaden, bei denen sie vor allem christliche Sklaven verschleppen, aber auch gern Wertsachen, Hausgerät und Vieh erbeuten. Jeder Bewohner im Maghreb, ob Besitzender oder besitzloser Sklave, fürchtet sich vor den wilden Horden, denn sie nehmen alles und schonen dabei nur selten ein Leben, das sich ihnen in den Weg stellt. Diese Razzia unter der gleißenden Julisonne des Jahres 710 jedoch ist besonders. Sie wird Geschichte schreiben.

Denn als sich der Berber Tarif Abu Zura mit 500 Mann von Afrika aus über das Mittelmeer in das von den Westgoten beherrschte Südspanien aufmacht, wird sein Trupp zur Vorhut einer Invasion, die Hispania, so der lateinische Name der iberischen Halbinsel, für Jahrhunderte beherrschen wird. Davon ahnt Tarif freilich nichts, als er mit seinen Gesellen auf christlicher Erde raubt und plündert und anschließend mit reicher Beute nach Afrika zurücksegelt. Am Ufer angelangt, dankt er seinem Gott für die geglückte Überfahrt, schwingt sich auf sein Pferd und eilt zu seinem Zeltlager. Doch 20 Seemeilen entfernt, am südlichen Rand Westeuropas, wird man den Namen des ersten muslimischen Eindringlings niemals vergessen. Tarifa heißt bis heute der Ort am windumtosten Ende Europas, an dem Tarif, der Berber, einst sein Lager aufschlug.

Der Reichtum Andalusiens ist verlockend für die Araber, zumal er kaum gesichert ist. Bereits auf dem ersten Streifzug durch al-Andalus wird ihnen klar, dass das Land politisch zerrissen und in seiner Identität fragil ist. Die dunkelhäutigen, bärtigen Männer treffen auf eine einheimische Bevölkerung von Kelten und Iberern, die gegen die fremden westgotischen Herrscher opponieren, auf widerwillig getaufte Juden und auf schwache Fürsten, die Gewalt wenig entgegenzusetzen haben. Die Chancen auf Beute stehen gut. Es braucht nur einen Mutigen, der sie ergreift und zu nutzen versteht.

### Die Eroberung von al-Andalus im Handstreich

Im Jahr darauf ist der gefunden. Tariq Ibn Ziyad, Gouverneur von Tanger, überquert mit rund 7000 Soldaten im Gefolge die schmale Meerenge zwischen Nordafrika und der iberischen Halbinsel. Von Ceuta aus segelt er auf einen hoch aufragenden Felsen auf dem europäischen Festland zu. Dschabal Tariq, Berg des Tariq oder Gibraltar wird dieser Vorposten im äußersten Südwesten Europas bis heute genannt.

*Abbildung 1: Tariq Ibn Ziyad*

Entgegen dem ausdrücklichen Befehl seines Vorgesetzten Musa Ibn Nusair, dem arabischen Statthalter der römischen Provinz Ifriqiya – von der sich übrigens das Wort „Afrika" ableitet –, dringt Tariq Ibn Ziyad immer weiter in das Festland vor. Die Westgoten sind alarmiert. Rasch eilt der in Toledo residierende König Roderich (Rodrigo) mit seinen Soldaten herbei, um sich den heranstürmenden Berbern entgegenzustellen. Am 28. Ramadan des Jahres 92 (nach christlicher Zeitrechnung 711) kommt es am Rio Barbate zwischen Cadiz und Sevilla zu einer entscheidenden Schlacht. Roderichs Heer wird vernichtend geschlagen, er selbst getötet.

### Rodrigo und Cava Florinda: Eine mittelalterliche False Flag-Operation?

Der Sage nach hat Tariq Ibn Ziyad einen triftigen Grund, Roderich persönlich zu bekämpfen. Graf Julian, Gouverneur der seit 616 von den Westgoten regierten nordafrikanischen Stadt Ceuta, hatte wenige Jahre zuvor seine Tochter Cava Florinda an Roderichs Hof nach Toledo gesandt. Der König fand Gefallen an dem schönen jungen Mädchen, missbrauchte und schwängerte sie. Um sich für diese Schmach zu rächen und um die Ehre seiner Tochter wiederherzustellen, hatte sich Julian mit Tariq Ibn Ziyad gegen Roderich verbündet. Ob in dieser Geschichte ein wahrer Kern steckt, ist umstritten. Viele Forscher bezweifeln, dass es Julian je gegeben hat. Auch sei Ceuta nie wirklich westgotisch gewesen, sondern immer byzantinisch.

Trotzdem greift das Rachemotiv um sich, wird geglaubt und liefert beiden Seiten Rechtfertigungsgründe für den Kampf. Für die hispanischen Christen ist Julian ein ehrloser Verräter, der das Abendland den Muslimen ausliefert. Die

Muslime wiederum verachten in Roderich die angebliche Verderbtheit und Dekadenz der Westgoten.

Nach dem Sieg über Roderich kann Tariq ohne größeren Widerstand die Stadt Toledo einnehmen. Die westgotische Besatzungsmacht hat ihm wenig entgegenzusetzen. „Von inneren Auseinandersetzungen geschwächt, häufig von schwachen Königen regiert, zu gering an Zahl, geradezu verloren in der Masse der einheimischen Bevölkerung, werden die Westgoten zur leichten Beute für kühne und landhungrige Krieger." (Clot, A., 2002, S.19) Die überlebenden Adligen fliehen nach Norden oder unterwerfen sich den neuen Machthabern, um ihre Privilegien, ihren Reichtum und ihre Macht zu sichern. Tariq bekommt Unterstützung durch 18.000 vorwiegend arabische Soldaten unter Führung von General Musa Ibn Nusair. Es ist ein starkes, ein kämpferisches, ein hochmotiviertes Heer, denn im Diesseits winken Schätze und im Jenseits die Belohnung durch Allah. Innerhalb weniger Jahre gerät fast die gesamte iberische Halbinsel unter muslimische Vorherrschaft.

## Die Mauren etablieren sich auf der Halbinsel zwischen Mittelmeer und Atlantik

Wer darüber staunt, hat tatsächlich allen Anlass dazu. Zumal die Ausdehnung des Islams auf Südwesteuropa keiner Regieanweisung eines mächtigen Kalifen weit im Osten folgt, sondern allein auf die Neugier, Raublust und Verwegenheit der arabischen Heerführer zurückzuführen ist. Als Musa und Tariq auf spanischem Boden zusammentreffen, kommt es denn auch zum Streit. Musa wirft seinem Untergebenen vor, wider seinen ausdrücklichen Befehl gehandelt zu haben. Tariq kann ihn mit einem Teil der Beute beschwichtigen, und fortan gehen die beiden vereint vor.

Musa ist es, der die entscheidenden Weichen stellt, um in den eroberten Regionen eine feste Herrschaft der Mauren zu etablieren. Denn so werden die muslimischen Invasoren fortan heißen, ganz gleich, ob sie Abkömmlinge eines arabischen Hauses oder eines nordafrikanischen Berbervolkes sind. Musa ist fest entschlossen, in Hispanien zu bleiben, der Fülle und Schönheit des Landes wegen und um die Christen zum einzig wahren Gott Allah zu bekehren. „Ab 714 herrschte sein Sohn 'Abd al-'Azîz ibn Mûsâ als wâlî, als Gouverneur in Stellvertretung des Kalifen, über al-Andalus. Von nun an ging es nicht mehr um Beutezüge, sondern um die Errichtung eines stabilen islamischen Staatswesens." (Bossong, G., 2007, S.15) Die Araber konzentrieren sich vor allem auf den südlichen Teil der Halbinsel. Allerdings unternehmen sie immer wieder Vorstöße nach Norden. Es gelingt ihnen sogar, über die Pyrenäen bis ins Frankenreich vorzudringen. Jedoch fassen sie weder in Nordspanien noch in Südfrankreich langfristig Fuß.

## Der Kalif misstraut den Führern seines Heeres

Zunächst aber muss sich Musa vor dem wichtigsten arabischen Machthaber seiner Zeit für seine eigenmächtigen Eroberungen rechtfertigen. Kalif Walid ist unangefochtener Herrscher über die wachsende Gemeinschaft der Muslime und somit auch der Befehlshaber Tariqs und Musas. Er zitiert seinen Statthalter nach Damaskus und fordert Rechenschaft für den tollkühnen Eroberungsfeldzug. Als Stellvertreter Allahs auf Erden sorgt sich der Kalif um eine zahlenmäßige Schwächung des arabischen Führungspersonals in den eroberten Gebieten Nordafrikas. Dieser Aderlass, so fürchtet er, könnte das Vordringen des Islams verlangsamen.

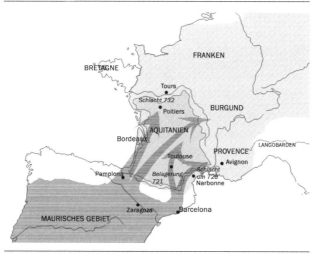

*Abbildung 2: Vorstöße der Mauren auf fränkisches Gebiet im frühen 8. Jahrhundert*

Obwohl die wagemutigen Krieger kostbares Beutegut im Gepäck haben, empfängt sie der Kalif mit unverhohlener Ablehnung. Walid wie später auch sein Nachfolger Soliman misstrauen den afrikanischen Gesandten. Die Konsequenzen: Musa verliert seinen Posten als Gouverneur Nordafrikas, Tariq wird entmachtet. Beide sterben einsam und ohne Anerkennung fern des Landes, das sie für ihren Kalifen in Damaskus in Besitz genommen haben. Die muslimische Herrschaft in al-Andalus aber bleibt lebendig – ebenso wie der Eroberungsdrang der Männer aus Afrika, die mit Gebetsmatte und Schwert von weither über das Meer gekommen sind.

### Der Franke Karl Martell setzt dem Eroberungszug der Mauern bei Poitiers ein Ende

Immer wieder stoßen die Mauren ins nördliche Spanien vor. Wiederholt überschreiten sie die Pyrenäen und bringen sogar bevölkerungsreiche Städte wie Narbonne, Tours und Toulouse in ihre Gewalt. Doch zu ihrer Überraschung regt sich im Norden weit größerer Widerstand als im Süden. In den für die Araber unwirtlichen, regnerischen Bergen von Kantabrien am Golf von Biscaya fügt ihnen der westgotische Aristokrat Pelayo mit seiner Gefolgschaft eine erste Niederlage zu. Pelayo wird zum Begründer des asturischen Reiches, das bei der christlichen Wiedereroberung in ferner Zukunft eine wichtige Rolle spielen wird.

*Abbildung 3: Die Schlacht bei Poitiers (732)*

Auch die selbstbewussten Franken unter dem mächtigen Hausmeier Karl Martell setzen den Mauren zu. Bei der Schlacht von Poitiers gelingt ihnen im Jahr 732 ein vernichtender Sieg, der das Vordringen der Muslime nach Norden vorerst beenden wird. „Im Vorfeld dieser Schlacht sind die Araber bis weit in das fränkische Reich vorgedrungen und drohen tatsächlich, das noch junge Christentum, dessen Führungsschicht sich in Machtkämpfen aufreibt, zu verdrängen. (...) So (...) können die Araber trotz erneuter Vorstöße einige Jahre später hinter die Pyrenäen zurückgedrängt werden. Das Christentum bleibt prägend für das Denken und Handeln der nachrömischen Reiche. Möglicherweise – die Historiker sind sich hier nicht einig – ist der Sieg Karl Martells 732 von enormer Tragweite für die religiöse, kulturelle und politische Entwicklung Europas. (Stähli, A., 2015a, S. 32)

## Die muslimischen Herrscher gewähren Religionsfreiheit – gegen Geld

Während die maurischen Kämpfer nördlich der Pyrenäen gehasst und bekämpft werden, hat sich der Süden inzwischen mit ihnen arrangiert. Das Volk sieht sich durch die Araber vom Joch der ungeliebten westgotischen Herrschaft befreit. Tatsächlich geht es den meisten Iberern unter dem neuen Regime besser als zuvor. Die fordernde Kirche und der gierige Adel werden enteignet. Ihr Besitz wird unter den Eroberern verteilt. Ehemalige Sklaven und leibeigene Bauern dürfen bleiben und als Pächter ihre Felder weiter bestellen. Juden und Christen müssen besondere Abgaben leisten, dürfen aber ihren Glauben behalten und weiter praktizieren. „So zielte die Expansion der Araber keineswegs auf Massenbekehrung der Besiegten", schreibt der Wissenschaftsjournalist Rainer Traub gegen ein noch heute verbreitetes Fehlwissen an. „Die hätte nur die Finanzierungsgrundlage der arabischen Expansion untergraben. Schließlich war jeder, der zum Islam übertrat, ein Steuerzahler weniger, da Muslime keine Kopfsteuer, sondern lediglich die geringere ‚Sakat'-Abgabe zu entrichten hatten." (Traub, R., 2011, S. 29) Die ‚Sakat' (siehe Seite 11) ist eine soziale Abgabe und religiöse Pflicht für alle vermögenden Muslime. Sie ist eine der fünf Säulen des Islam und wird im Koran in zahlreichen Versen erwähnt.

Die Steuerpolitik der islamischen Herrscher ist der wahre Grund für die den Religionen großzügig gewährte Glaubensfreiheit. Die Sepharden, wie sich die Juden und ihre Nachfahren nennen, die bis zu ihrer späteren Vertreibung auf der iberischen Halbinsel gelebt haben (eingehend dazu vgl. Bossong, G., 2008), und die Mozaraber, das sind die dort unter muslimischer Herrschaft lebenden Christen, füllen mit der ihrer Religion geschuldeten Sondersteuer die Staatskasse. Die Ökonomie liefert den muslimischen Fürsten folglich nicht nur kein Motiv, Juden und Christen zur Aufgabe ihres Glaubens zu bewegen – das wirtschaftliche Denken verbietet es geradezu. Dagegen steht allerdings die Forderung des Korans nach Unterwerfung der Ungläubigen. In diesem Konflikt nehmen die maurischen Regenten einen pragmatischen, man könnte auch sagen: einen weltlichen Standpunkt ein. Die Frucht dieser Toleranz ist eine in der Weltgeschichte sehr seltene Epoche des mehr oder minder friedlichen Zusammenlebens dreier monotheistischer Religionen mit Alleinvertretungsanspruch, von denen zwei bereit sind, für die Ausbreitung ihres Glaubens zu töten und auch ihr eigenes Leben aufs Spiel zu setzen.

Die Führung von al-Andalus bleibt mithin muslimisch, zerreibt sich aber in den Anfangsjahren in internen Streitereien und häufig wechselnden Statthaltern. Allein zwanzig Statthalter regieren es in den ersten 40 Jahren nach Tariqs Überfahrt. Ein dramatischer Machtwechsel im fernen Damaskus wird dem ein Ende setzen und dem maurischen Land im Süden Europas für lange Zeit Stabilität geben.

## Der Bruderkrieg im Herzen Arabiens bringt Abbasiden gegen Umayyaden auf

Seit dem Jahr 660 herrschen dort Kalifen aus der Familie der Umayyaden, einer schon vor Mohammeds Prophetie hochangesehenen und wohlhabenden Familie aus Mekka. Aus dieser Familie stammen auch Abd ar-Rahman und andere Statthalter in der iberischen Provinz. Doch in der Mitte des 8. Jahrhunderts entmachten die Nachfahren des Al-Abbas Ibn Abd al-Muttalib, eines Onkels des Propheten Mohammed aus der Familie der Abbasiden, die umayyadischen Führer. Sie locken alle männlichen Mitglieder des Clans in eine Falle und bringen sie zu Tode. Wenig später verlegen sie die Hauptstadt des islamischen Reiches von Damaskus nach Bagdad.

Allein ein junger umayyadischer Prinz überlebt das Massaker. Seinem Namen wird man noch begegnen, er lautet Abd ar-Rahman. Dank der Unterstützung von maghrebinischen Berberstämmen, mit denen er über die mütterliche Linie verwandt ist, kann er nach al-Andalus fliehen. Unter Berufung auf seine Herkunft gelingt es ihm hier, fern der Machtzentren des östlichen Mittelmeers, Gefolgsleute hinter sich zu sammeln sowie durch geschicktes Verhandeln und Eroberungen an die Macht zu kommen. „Er proklamierte sich selbst zum Emir (…), womit er einerseits interne Autonomie beanspruchte, andererseits die Oberhoheit des abbasidischen Kalifats nominell anerkannte." (Bossong, G., 2007, S. 20) Diesem überaus klugen Schachzug verdankt das maurische Reich seine bevorstehende Hochblüte.

Mit Abd ar-Rahman I kommt der entstehende Staat endlich zur Ruhe – allerdings eine hart erkämpfte, denn immer wieder muss der Emir aufflackernde Unruhen brutal niederschlagen. Einmal begehren die Araber von Zaragoza gegen ihn auf und rufen einen Mann zur Hilfe, der wenige Jahrzehnte später der mächtigste Mann Europas werden soll: Karl der Große. Doch selbst der künftige Frankenkaiser kann zu diesem Zeitpunkt den klugen und mächtigen Emir nicht in Schach halten. Nach zermürbenden Kämpfen muss er sich geschlagen geben und zurückziehen.

*Abbildung 4: Abd ar-Rahman I*

## Das Maurenreich wird zu Drehscheibe und Gefäß von Kultur und Wissenschaft

Abd ar-Rahman I legt den Grundstein für die philosophische und kulturelle Blüte Andalusiens. Er gibt Bauprojekte in Auftrag und fördert Künste und Wissenschaften. Handel und Austausch können ungehindert wachsen. Damit macht er das maurische Spanien zu einem Umschlagplatz, über den vom Nahen und Mittleren Osten ausgesandte antike, griechische und zeitgenössische arabische Wissenschaften den Weg in die zentral- und nordeuropäische Welt finden. „Diese Transitzone blieb nicht eine zufällige, verschwommene Einheit, sondern wurde ein geschlossenes Gebilde", notiert der Publizist Franz Wördemann (1985, S. 89). „Nur so, im Vertrauen auf sich selbst, konnte es als Verbindungsglied zwischen den Kulturen voll wirksam bleiben, auch dann noch, als sich die Form des einheitlichen politischen Gebildes nach der Jahrtausendwende auflöste und fast zwei Dutzend Kleinkönigtümer entstanden. Ihre Summe war immer noch ein al-Andalus."

Die maurische Enklave am Rande des europäischen Kontinents gewinnt Struktur. Seinem Sohn Hischam I hinterlässt Abd ar-Rahman I ein geeintes Emirat, das dieser an seinen Sohn Al-Hakam I weitergibt. „Das kaum erkennbare Staatswesen Abd ar-Rahman I war einem Königreich gewichen, das zwar diesen Namen noch nicht trug, das aber bereits die wichtigsten Züge der großen orientalischen Staaten aufwies: eine noch schlechte, aber immerhin existierende

Verwaltung, eine Armee, deren Mitglieder nicht nur vom Plündern lebten, sondern regelmäßig besoldet wurden; eine dank neuer landwirtschaftlicher Methoden aufstrebende Wirtschaft". (Clot, A., 2002, S. 59f.)

Zeitweise wird auch das heutige Katalonien wieder Teil des Maurenreiches. Doch im Jahr 801 erobert Ludwig der Fromme im Auftrag seines Vaters Karls des Großen die Stadt Barcelona sowie die nördlich am Pyrenäenrand gelegenen Regionen zurück. Auf Karls Geheiß hin entsteht dort eine Pufferzone zwischen den Einflussgebieten der Franken und der Mauren – die Spanische Mark oder Marca Hispanica. Von hier aus wird einst die Reconquista der maurischen Gebiete ausgehen.

Nachfolger von Al-Hakam I wird dessen Sohn Abd ar-Rahman II. Unter seiner Regentschaft erlebt das Land eine zweite Blüte. Er führt das persische Hofzeremoniell in Córdoba ein, fördert Philosophie, Medizin, Astronomie, Musik und Dichtung, errichtet und erweitert Moscheen und profane Prachtbauten. Abd ar-Rahman II gilt als begabter Dichter; einige seiner Verse haben sich bis in unsere Zeit erhalten. Noch mehr als mit eigenen Werken gelingt es ihm aber, dank seines Gespürs für Ausnahmetalente die Musik, Medizin, Kultur und Philosophie voranzubringen.

Ziryab, ein aus Mesopotamien stammender Sänger, wird durch des Emirs Protektion zu einem herausragenden Kulturbringer. Ziryab errichtet in Córdoba ein Konservato-

*Abbildung 5: Ziryab, Sänger und Kulturbringer*

rium, wo Musiker im Spiel auf der von ihm erfundenen fünfsaitigen Laute und im Gesang unterrichtet werden. Sein umfangreiches Wissen macht ihn zu einem wichtigen Multiplikator, nicht nur was Astronomie und Geographie angeht, die er studiert hat, sondern auch für die feinen Sitten. „Ziryab veränderte tiefgreifend den Lebensstil der Oberschicht von al-Andalus. Das tägliche Leben erhielt eine verfeinerte Note." (Clot, A., 2002, S. 71) Körperpflege, Kochkunst, Spiel und Sport – in allem Stilvollen unterrichtet er die maurische Elite und hebt damit die andalusische Gesellschaft auf ein höheres zivilisatorisches Niveau.

## Abd ar-Rahman II wehrt die Angriffe der Wikinger ab und macht das Reich zum Handelsplatz

Um die dafür nötigen Mittel aufzubringen, reorganisiert Abd ar-Rahman II die Finanzen und die Verwaltung. Dabei orientiert er sich an den Gepflogenheiten der Abbasiden. Politisch ist seine Herrschaft für die damaligen Verhältnisse außerordentlich stabil. Allerdings muss er seine Küsten gegen Angriffe der Nordmänner schützen, die es besonders auf die reichen Hafenstädte Lissabon und Sevilla abgesehen haben. „Im Anschluss daran führen die beiden (die Wikinger Björn Eisenseite und Hastein, Anm. des Autors) einen selbst für die Wikingerzeit legendären Beutefeldzug an, der sie durch Spanien ins Mittelmeer und nach Nordafrika führt. (…) Entlang den Küsten Spaniens, Frankreichs und Italiens machen (sie) zwei Jahre lang reiche Beute." (Stähli, A., 2014, S. 127)

Zum Schutz vor den Nordmännern lässt Abd ar-Rahman II Heer und Flotte verstärken und Festungen errichten. Nach der Plünderung von Sevilla 844 enden nahezu alle Versuche der Madjus, wie die rauen und grobschlächtigen Krieger aus dem Norden von den Arabern genannt werden, mit Niederlagen. Über lange Zeit können die Wikinger im Zaum gehalten werden. Dazu tragen die inzwischen etablierten Handelsbeziehungen zwischen dem Norden und dem Süden bei. Von den Wikingern beziehen die Umayyaden Pelze, Sklaven und Bernstein. Dies belegen Münzfunde im heutigen Mecklenburg-Vorpommern und in Dänemark.

*Abbildung 6: Abd ar-Rahman II*

„Nach der karolingischen Eroberung von Barcelona wurden während der ersten Hälfte des 9. Jahrhunderts die mittelmeerischen Seehandelsverbindungen nach Nordafrika weitgehend durch den Landweg ersetzt." (Ilisch, L., 2014, S. 151) Die maurischen Herrscher lernen, ihre geografische Lage als zentral zu verstehen und kommerziell zu nutzen.

Auch der Handel mit dem Maghreb und dem fränkischen Reich nimmt weiter Fahrt auf.

Während es an der Grenze zum christlichen Norden unter der Regierung Abd ar-Rahmans II bis auf gelegentliche Scharmützel friedlich bleibt, lehnen sich die Christen innerhalb des Reiches zunehmend gegen die Fremdherrschaft auf. Eine kleine Gruppe unter der Führung des cordobesischen Bischofs Eulogius (819 bis 859) will sich nicht mehr zwischen der sondersteuerbelegten Assimilation als mozarabische Christen und dem Übertritt zum Islam entscheiden müssen.

Ein vorrangiges Ziel ihrer Bewegung ist es, Christen, die sich zum Islam bekehrt haben – man nennt sie Muwalladun –, in den Schoß der Kirche zurückzuholen. Eulogius und seine Anhänger verunglimpfen den Propheten Mohammed sowie den Islam und provozieren damit sehr bewusst die muslimische Führung. Christliche Missionsarbeit gehört zu den kirchlichen Aktivitäten, die im islamischen Raum bei Todesstrafe verboten sind. Neben anderen stirbt auch Eulogius aufgrund dieser Anklage den Märtyrertod. Danach löst sich die Bewegung auf.

## Eine Zeit der Spannungen: Auf die Märtyrer folgen die Revolutionäre

Nicht nur die christlichen Märtyrer halten die Herrscher, die nun in Córdoba ihren Sitz haben, in Atem. Auch aus den eigenen Reihen droht Verdruss. Immer wieder fechten lokale umayyadische Anführer die Macht des Emirates an. Und nicht nur sie. Ibn Hafsun, Nachfahre eines westgotischen Grafen, der zum Islam übergetreten war, erarbeitet sich von seiner Festung in den Bergen um die Stadt Málaga eine besondere Machtposition, aus der heraus er den Aufstand probt. „Seine Revolte führte er nach Art des Robin Hood: Er stachelte das Volk gegen die Willkür und die erdrückenden Steuerlasten der Zentralregierung auf, versprach den Armen, sie vom Sklavenjoch der Araber zu befreien, und beschützte ritterlich die Frauen." (Bossong, G., 2007, S. 22) Zeitweilig bestimmt Ibn Hafsun auf diese Weise über weite Teile des Landes. Sein Traum ist es, eine Herrschaft eingeborener Muslime zu errichten, die direkt dem Kalifat in Bagdad unterstellt ist. Und wirklich kann er seine Stellung so weit ausbauen, dass er diplomatische Beziehungen mit dem Frankenreich, mit den Abbasiden in Bagdad und mit verschiedenen nordafrikanischen Herrschern eingehen kann. Erst gegen Ende seines Lebens, als in Córdoba Abd ar-Rahman III das Erbe seiner großen Vorväter übernimmt, kann der machthungrige Konvertit endgültig in seine Schranken gewiesen werden.

# Mit Abd ar-Rahman III kehrt der Glanz Arabiens nach Córdoba zurück

Schon kurz nachdem Emir Abd ar-Rahman III, genannt Al Nasir (der Sieger) im Jahr 912 sein Amt antritt, gelingt es ihm, den aufrührerischen Ibn Hafsun zu befrieden. Auch überall sonst, wo sich Widerstand geregt hat, stellt er die Autorität Córdobas wieder her. Souverän herrscht der Emir über sein Land und nutzt die politische Ruhephase, um eine alte Schmach zu tilgen. Ohne Rücksprache mit den abassidischen Herren in Bagdad ernennt er sich zum Kalifen. „Er proklamierte sich selbst zum amir al Muminin, das heißt ‚hervorgegangen aus einer von Gott eingesetzten Familie mit dem Recht, die Gläubigen zu lenken und zu leiten'." (Clot, A., 2002, S. 94) Das ist ein ungeheurer Affront gegenüber den Abbasiden, der sich allerdings zu diesem Zeitpunkt auch ihrer eigenen Schwäche bedient.

*Abbildung 7: Abd ar-Rahman III*

Denn im fernen Bagdad regieren schon seit einer Weile nicht mehr die mächtigen Kalifen, sondern deren Wesire. Es sind dies Verwalter, die aus der Menge der Anhänger des Kalifen gewählt werden. Schon bald wird sich hier ein Machtwechsel vollziehen, ähnlich wie bei den Franken, wo die schwächelnden merowingischen Könige ihren karolingischen Hausmeiern erst die Macht und später auch die Krone überlassen müssen. (Stähli, A., 2015a, S. 29 ff.)

Um seinen Titelanspruch durchzusetzen, muss sich Abd ar-Rahman III nicht nur gegen die tonangebenden Abbasiden, sondern ebenfalls gegen die schiitischen Fatimiden durchsetzen. Auch sie beanspruchen das Kalifat für sich. Dieser Kampf wird nicht mehr auf der iberischen Halbinsel, sondern auf dem nordafrikanischen Festland ausgetragen. Abd ar-Rahman besetzt die Küstenstädte Ceuta und Tanger und geht Bündnisse mit einigen Berberstämmen ein. Die auf diese Weise zurückgedrängten Fatimiden wenden sich in Richtung Ägypten und machen Kairo zu ihrer neuen Hauptstadt.

Im zehnten Jahrhundert wird Córdoba zu einer wichtigen Kraft unter den Mächten rund um das Mittelmeer. Der römisch-deutsche Kaiser Otto der Große schickt Gesandte an den Hof Abd ar-Rahmans III, das mächtige Byzanz verbündet sich mit ihm. Kunst, Kultur, Wissenschaft und Wirtschaft feiern neue Höchststände. Die befriedeten christlichen Reiche des Nordens müssen erhebliche Tributzahlungen leisten. Dank der Einführung neuer Bewässerungsmethoden und der aufkommenden Seidenraupenzucht liefert das Land mehr Erträge denn je. Der Kalif lässt eine neue Residenz errichten, prächtiger als alle vorherigen – Medinat az-Zahra, etwa acht Kilometer westlich von Córdoba an einer Hanglage gelegen, mit einem wunderschö-

*Abbildung 8: Medinat az-Zahra, Córdoba*

nen Blick auf das Tal des Guadalquivir und Córdoba selbst. Noch heute ist die gewaltige Anlage als Ruine erhalten und lässt den Glanz des maurischen Zeitalters erahnen.

Noch bevor die riesige Anlage fertiggestellt ist, ziehen der Kalif und sein Gefolge hierher. Neben den Wohnräumen der Herrscherfamilie, Verwaltungsgebäuden, einer großen Moschee und zahlreichen Geschäften für Händler ist in Medinat az-Zahra selbstverständlich auch ein Harem für die zahlreichen Frauen des Kalifen untergebracht. Überdies gab es sowohl unter Abd ar-Rahman III als auch unter dessen Sohn Al-Hakam II ebenfalls einen Harem für männliche Geliebte. Im liberalen Andalusien der maurischen Zeit gibt es offensichtlich wenig Tabus. „In al-Andalus homosexual pleasures were much indulged in by the intellectual and political elite. Evidence includes the behavior of rulers,

*Abbildung 9: Al-Hakam II*

such as Abd al Rahman III, Al-Hakam II, Hisham II and Al-Mu'tamid, who openly kept male harems." (Gerli, M., 2003, S. 398)

## Die Mauren auf dem Zenit ihrer Macht

Mit Abd ar-Rahmans Sohn al-Hakam II erreicht das umayyadisch regierte Spanien den Zenit seiner Macht — auf den ein plötzliches Ende folgen wird.

Mit 47 Jahren ist al-Hakam II schon ein recht alter Prätendent, als sein Vater stirbt. Er hat die beste Erziehung genossen, hat sich mit Bravour militärisch geschlagen und intensiv auf sein Amt vorbereitet. Unter seiner Regentschaft wird Medinat az-Zahra vollendet und die Moschee von Córdoba auf ihre doppelte Größe ausgebaut. Der riesige Tempelbau ist heute 129 Meter lang, 134 Meter breit, umfasst rund 23.000 Quadratmeter und fasziniert ebenso durch seine Größe wie durch das Spiel seiner Farben: „Ziegelroter Stein wechselt mit muschelweißem, Hufeisenbogen türmt sich auf Hufeisenbogen, die endlose Folge der Bögen erscheint wie ein Wellenmeer. Nicht in erhabene Höhe zieht es das Auge, nicht auf die Knie zwingt es den Betrachter. Der Blick geht in die Horizontale, verliert sich in den tiefer werdenden Schatten wie im eigenen Dunkel der Seele." (Bruhns, A., 2010, S. 79)

Córdoba wird zur wichtigsten Metropole Westeuropas, in Pracht und Bedeutung allenfalls vergleichbar mit Bagdad und Byzanz, das jetzt auch Konstantinopel, Stanbulin und Istanbul genannt wird. Die Bibliothek des Kalifen umfasst die unglaubliche Anzahl von 400.000 Schriftrollen und Büchern aus allen Bereichen von Wissenschaft und Kultur

*Abbildung 10: Säulen der Gebetshallen der großen Moschee von Córdoba*

und ist damit die größte Bibliothek der damaligen Welt. Das Land ist politisch stabil, verfügt über einen immensen Reichtum und eine hervorragend ausgebildete Elite, die Kunst und Kultur lieben und nach Kräften voranbringen. „Von Abd ar Rahman II. nach abbasidischem Modell organisiert und von Abd ar Rahman III. perfektioniert, gilt das al-Andalus des 10. Jahrhunderts in den Augen muslimi-

scher, aber auch christlicher Herrscher als Vorbild für jede
Verwaltung", lobt André Clot (2002, S. 109). „Durch den
kraftvollen Einsatz des Kalifen selbst untersteht das Räderwerk des Staates seiner absoluten Autorität. Innerhalb der
Grenzen herrscht Friede, der Ruf von al-Andalus dringt bis
in die entferntesten Länder des Ostens und des Westens."

Und doch trägt das scheinbar paradiesische Reich al-Hakams
II den Keim des Untergangs in sich. Der Kalif selbst begeht
zwei folgenschwere Fehler: „Zum einen erklärte er seinen
unmündigen Sohn Hishâm zum Nachfolger, obgleich es
in seiner Familie genügend erfahrene Staatsführer gegeben
hätte; zum anderen räumte er berberischen Söldnern zu viel
Macht im Hofleben ein." (Bossong, G., 2007, S. 26) Wie es
genau dazu kommt, sehen wir nun.

**Al-Hakam II kann seinem Geschlecht keinen Erben hinterlassen**

Al-Hakam II ist ein mächtiger und besonnener Herrscher.
Durch kluge Politik und auf das Nötigste begrenzte Kriegszüge sichert er seine Macht und sein Ansehen gegenüber
seinen christlichen Nachbarn und den nordafrikanischen
Fatimiden. Wo allerdings Härte geboten ist, zögert er keine
Minute. Als im Jahr 966 zum ersten Mal seit fast hundert
Jahren wieder Wikinger vor der Küste des heutigen Portugals ihr Unwesen treiben, lässt er Schiffe gleicher Bauart wie
die der Nordmänner anfertigen. Einige Jahre darauf, 974,

werden erneut Drachenboote gesichtet. Prompt mobilisiert al-Hakam II seine Armada und kann die gefürchteten Plünderer mit ihren eigenen Waffen in die Flucht schlagen.

Im Einklang mit dem Koran, der bis zu vier Ehefrauen gestattet, haben muslimische Herrscher stets mehrere Gattinnen. Eigentlich müsste die männliche Nachkommenschaft und damit die Thronfolge mit ihnen zu sichern sein. Al-Hakam allerdings unterhält nicht grundlos einen männlichen Harem. Weiblichen Reizen gegenüber ist der Herrscher nicht sonderlich aufgeschlossen. Erst spät zeugt er seinen Sohn Hischam, dessen Mutter ist eine hellhäutige Prinzessin aus dem Baskenland.

Beim Tod seines Vaters im Jahr 976 ist Hischam erst elf Jahre alt. Der Unfähigkeit des Amtsnachfolgers, die Regierungsgeschäfte selbst in die Hand zu nehmen, lässt die Eliten und das Volk unruhig werden. Offiziell soll Hischams Onkel al-Mughira die Amtsgeschäfte bis zur Volljährigkeit seines Neffen leiten. Dies bewirkt aber einen Aufruhr unter den hohen Verwaltungsbeamten des Reiches, die ihre eigene Macht gefährdet sehen. Einer von ihnen – Abu Amir Muhammad Ibn Abdallah Ibn Abi Amir, genannt al-Mansur – tötet den missliebigen Onkel und setzt sich selbst an die Spitze des Staates. Den jungen Kalifen Hischam II schließt er im Harem ein. Hischams Mutter, die Baskin Subh (auf Spanisch: Aurora) macht er zu seiner Geliebten. Von nun an wird al-Mansur – oder wie ihn die spanische Geschichtsschreibung nennt: Almansor – als Wesir und später Hadschib (oberster Minister) die Geschicke des Kalifats leiten. Durch geschickte Intrigen und in Auftrag gegebene Morde entledigt er sich aller politischen Gegner.

### Der Usurpator Almansor macht sich selbst zum Herrn

Als der rechtmäßige Kalif das Erwachsenenalter erreicht, schottet ihn der Usurpator Almansor weiterhin von der Außenwelt und von den Staatsgeschäften ab. Für sich und seine Verwaltungsbeamten lässt er ein neues Palast- und Regierungszentrum bei Córdoba errichten – Medinat az-Zahra, die glänzende Stadt. Daneben gründet sich seine Macht vor allem auf militärische Stärke. Almansor zerbricht das etablierte Heer der umayyadischen Söldner – das von Abd ar-Rahman III zum Missfallen der Araber durch Tausende von jungen Männern aus West- und Osteuropa (Slawen oder arabisch saqaliba) verstärkt worden war – und ersetzt es durch Truppen von Berbern. Das löst einen Zuzug von 18.000 Berbern aus Nordafrika aus.

Die gewachsene Armee befremdet und erschreckt die christlichen Königreiche im Norden der iberischen Halbinsel. Zu Recht, denn der selbsternannte Führer Almansor – von den Christen auch „Geißel Gottes" genannt – ist deutlich kriegslüsterner als die Umayyadenfürsten. Er führt zahlreiche Kriegs- und Plünderungszüge durch, die den Nachbarn zusetzen und sie in ihrer Ablehnung der maurischen Granden bestärken. In das historische Gedächtnis eingeschrieben hat sich ganz besonders die Plünderung Santiago de Compostelas im Jahre 997. Hier, unweit von Finisterre, am Ende der Welt, ist im 9. Jahrhundert einer wundersamen Legende nach das Grab des heiligen Jacobus wiederentdeckt worden, und dorther stammt auch der während der Reconquista und der Eroberung Mittel- und Südamerikas überall gellend tönende Schlachtruf der Christen: „Santiago!" Nach erfolgtem Raubzug zwingen die Mauren die unterlegenen Christen, die Glocken ihrer Kathedrale zu Fuß von Santiago nach Córdoba zu tragen. Sie wollen sie demütigen, und diese Schmach wird auch als solche wahrgenommen. Mehr als 250 Jahre später, als die Reconquista in vollem Gang ist, wird sie vergolten werden. Dann werden die Christen die Mauren nötigen, die schwere Last auf umgekehrtem Wege zurück zu schleifen.

Aufkommendem Zorn aufgrund seines Gebarens versucht Almansor durch zur Schau gestellte Frömmigkeit zu begegnen. Stets trägt er einen – vorgeblich von eigener Hand geschriebenen – Koran bei sich, lässt nicht mit dem Islam konforme philosophische Bücher verbrennen und sorgt für eine erneute Erweiterung der Moschee von Córdoba. Diese war nach dem Zuzug der Berbersoldaten zu klein geworden, um allen Gläubigen ihrem gesellschaftlichen Stand entsprechend Platz zu bieten.

*Abbildung 11: Abu Amir Muhammad Ibn Abdallah genannt Al Mansur, Angriff auf das Königreich Leon*

## Der Nachzug Tausender Berber treibt die Mauren in den Widerstand – und lässt die Christen hoffen

Nach dem Tod von Almansor im Jahr 1002 geht die Macht auf dessen Sohn Abd al-Malik über. Er ist der zweite Herrscher in Córdoba aus der Dynastie der Amiriden. Eine sehr kurzlebige Dynastie, denn Vater Almansor hat zwar den Herrschaftsbereich der Araber nach Norden hin erweitert und gefestigt, aber innerhalb des Reiches genießen die Amiriden kaum Rückhalt. Selbst aus der eigenen Familie drohen Gefahren. Nur sechs Jahre lang regiert Abd al-Malik über Córdoba, dann stirbt er, vermutlich durch die Hand seines eigenen Bruders. Almansors zweiter Sohn Sanchuelo ist es dann auch, der dem ersten im Amt nachfolgt.

Dass Almansor Berber ins Land geholt und diesen zu Macht und militärischem Ruhm verholfen hat, bringt die gewachsene Elite des córdobesischen Kalifats gegen ihn und seine Nachfahren auf. Sie empfindet die Zuwanderer als unkultivierte, stillose Menschen, die weder gewillt noch in der Lage sind, sich zu integrieren. Tatsächlich neigen die Neuankömmlinge dazu, sich von der traditionsreichen Oberschicht abzugrenzen und nur innerhalb ihrer eigenen Sippe Umgang zu pflegen. Durch die bis dahin relativ homogene und von Toleranz und Respekt geprägte maurische Gesellschaft ziehen sich tiefe Risse. Unter den Söhnen Almansors werden sie sich noch vertiefen. Sanchuelo entwickelt eine ganz eigene Hybris, die zum raschen Ende der Dynastie führt. Im Bestreben, rasch zum Kalif ausgerufen zu werden, zwingt er den rechtmäßigen Titelerben Hischam II dazu, ihn zu seinem Nachfolger zu erklären. Damit zieht er endgültig den Zorn des maurischen Adels auf sich. Im Jahr 1009 kommt es zu einem Volksaufstand. Sanchuelo wird getötet. Es folgt eine über zwei Jahrzehnte dauernde Zeit meist blutiger Machtkämpfe diverser Fraktionen. 1031 zerfällt das umayyadische Kalifat von Córdoba in mehrere Einzelreiche und erlischt schließlich vollends.

KAPITEL 3

# Santiago!
Die Reconquista und das unrühmliche Ende
der maurischen Herrschaft in Iberien

Nach dem Ende des selbst ernannten Herrscherhauses Almansors ringen die Angehörigen verschiedener Clans und Ethnien um die Macht in al-Andalus. Langfristig behaupten kann sich niemand. Das Reich zerfällt in viele kleine Teile (auf Arabisch: taʿifa), die sogenannten Taifa-Königreiche. Sie werden von Clanchefs konkurrierender Volksgruppen und Familien angeführt. Araber, Berber und Muwalladun – die zum Islam konvertierten Christen – splitten sich in immer kleinere Gruppen auf. Zeitweilig ist der maurische Part der iberischen Halbinsel in bis zu 60 Kleinreiche unterteilt, die sich mit wechselnden Allianzen untereinander bekriegen, gegenseitig erobern und zu größeren Königtümern zusammenschließen – meist analog zur ethnischen Zugehörigkeit der Herrscherfamilien.

Granada und Sevilla gehören zu den arabisch dominierten Taifas. In der ehemaligen Kalifenstadt Córdoba vollzieht sich ein für das europäische Mittelalter einmaliger Prozess: Nach dem Ende des Kalifats entsteht dort eine Art Republik. Zu ihrem Herrscher bestimmen die Bürger der Stadt Abu Hazm Ibn Dschjahwar. Dieser möchte die Macht jedoch nicht allein ausüben, sondern teilt sie mit zwei Wesiren. Außerdem beruft er einen Staatsrat, der die Amtsgeschäfte

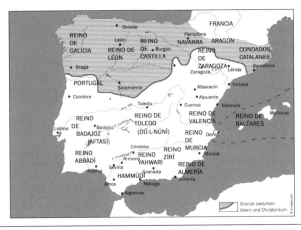

*Abbildung 12: Taifa Reiche (1031 bis 1086)*

führt. Trotz einigem diplomatischen Geschick gelingt es ihm aber nicht, von den Königen der umliegenden Taifas als Anführer anerkannt zu werden.

## Das maurische Reich zerfällt in viele Kleinkönigreiche

Sevilla wird von den Abbasiden beherrscht, die sich besonders dem Aufbau eines starken Heeres verschrieben haben. Mit diesem gelingt es ihnen nach und nach, mehrere Königtümer im Süden zu erobern, darunter auch die ehemalige Hauptstadt Córdoba. Wie ihre Nachbarn in Granada sind die abbasidischen Herrscher Intellektuelle ihrer Zeit, die sich sehr für Dichtkunst, Philosophie und Wissenschaft interessieren und als Mäzene für die Kunst wirken.

Eine weitere arabische Dynastie regiert in der nordöstlichen Mark angrenzend an Aragon und Katalonien und in direkter Nachbarschaft zum christlichen Barcelona. Sie dient den südlicher gelegenen Reichen als Bollwerk gegen die nun immer lauter aufbegehrenden Christen.

Im Nordwesten und Süden der Halbinsel haben Berberdynastien die Macht übernommen. Zum Beispiel in Granada, wo die Ziriden herrschen, unter deren Einfluss das dortige jüdische Leben aufblüht. Interessanterweise führt gerade die Rivalität der diversen Kleinstaaten zu einer besonderen kulturellen Blüte. Jeder Hof möchte die redegewandteren Dichter, die weiseren Philosophen, die kundigeren Ärzte für sich gewinnen und damit sein Ansehen steigern.

### Die Schwäche des Südens ist die Stärke des Nordens

Auch der christliche Norden ist mittlerweile zu einem Flickenteppich an Herrschaftsbereichen geworden. Die regionalen christlichen Fürsten nutzen die Schwäche der Mauren für den Beginn dessen, was wir heute Reconquista nennen: Die Rückeroberung der iberischen Halbinsel durch christliche Könige. Schon bald werden sie die rivalisierenden Taifa-Könige gegeneinander ausspielen und in blutigen Kriegen nach und nach besiegen. „Diese (…) Aufzählung von Kämpfen jeder gegen jeden veranschaulicht die innere Befindlichkeit des alten al-Andalus, die die christlichen Reiche im 11. Jahrhundert befähigte, nach 300 Jahren mühsamer und wechselhafter Selbstbehauptung erstmals den gestaltenden Part der Halbinsel zu übernehmen. Es war die an Abgründe suizidaler Verhaltensmuster erinnernde Verfassung des Südens und nicht die spontane Stärke des Nordens, die die Erfolge der Christen erst möglich machte." (Marboe, R. A., 2006, S. 108)

Die Taifa-Königreiche bieten den Rückeroberern deutlich mehr Angriffsfläche, als es das Kalifat getan hatte. Eines nach dem anderen gerät in ernsthafte Gefahr. In ihrer Not rufen die Mauren die in Nordafrika erstarkte Berberdynastie der Almoraviden zur Hilfe. Mit ihrem Eingreifen beginnt ein neues Kapitel spanischer Geschichte.

### In Westafrika erheben sich militante Muslime – und bereiten sich auf al-Andalus vor

Tatsächlich eilen die Herbeigerufenen über die Straße von Gibraltar heran. Aber, wie so oft: Die Lösung von heute ist das Problem von morgen. Mit Hilfe der Almoraviden gelingt es den spanischen Arabern zwar, die Christen in Schach zu halten. Doch der Preis dafür ist eine Radikalisierung des maurischen Islam.

Um zu verstehen, wie es dazu kommt, müssen wir wissen, wie der Islam um die Jahrtausendwende herum in Westafrika verstanden wird. Im Denken der afrikanischen Kriegermönche aus dem Senegal und Mauretanien haben religiöse

Toleranz und Respekt vor Andersdenkenden keinen Platz. Ausgerüstet mit militärischer Stärke und den festen Glauben an Allah, sehen sie ihre Eroberungen als Dschihad an, als heiligen, in ihrer Lesart vom Koran zwingend vorgeschriebenen Krieg. Dessen vorrangiges Ziel ist es, den rechten, den strengen, den in ihren Augen ursprünglichen und einzig wahren Islam zu verbreiten.

Der Auslöser für die Radikalisierung der afrikanischen Moslems ist eine Pilgerfahrt nach Mekka. Der Rückweg von dort führt Angehörige der Sinhadscha-Berber aus der Gegend des heutigen Senegal und Mauretanien durch das tunesische Kairouan. Hier, an einem traditionellen Ort muslimischer Lehre und Weisheit, erkennt ihr Anführer, Yahya Ibn Ibrahim, welch große religiöse Unkenntnis in seiner Heimat herrscht. In Begleitung des Gelehrten Abdallah Ibn Yasin kehrt die Gruppe zurück. Die strengen Maximen und die kämpferische Auslegung des Islam, die sich unter dem Einfluss dieses Ibn Yasin in der Heimat der Berber entwickeln, wird prägend für die weitere Entwicklung der Lehre in den kommenden Jahrzehnten und wirkt bis heute nach. In den wehrhaften Klöstern, in die sich die radikalisierten Moslems zur Meditation zurückziehen, erstarken ihr Glaube und ihr Fanatismus, für seine Ausbreitung zu kämpfen. Als al-murabitun – als Männer, die in einem Wehrkloster leben – brechen sie auf, um zunächst große Teile Westafrikas und später al-Andalus in ihre Gewalt zu bringen.

## Christliche Könige auf Beutezug

In dem arabisch-maurisch kultivierten Land haben sich die Verhältnisse verändert. Mit Beginn des neuen Milleniums werden die christlichen Reiche des Nordens zusehends mutiger. Von 1057 an dringen immer wieder gepanzerte Krieger des kastilischen Königs Ferdinand und später seines Sohnes Alfons VI in maurisches Gebiet vor. Dabei geht es zunächst noch nicht um eine echte Landnahme, sondern um Raubzüge und das Erpressen von Tributzahlungen.

Angesichts der Zerrissenheit der Taifa-Reiche haben die Christen aus Kastilien, Leon und Barcelona ein leichtes Spiel. Es war „für christliche Krieger ein wahrhaft Goldenes Zeitalter, das mit Ferdinands Panzerreitern begonnen hatte. Stockte der Fluss der auferlegten Zahlungen, brach die christliche Strafrazzia über den Säumigen herein. Kurzum, was Ferdinand, Alfons und die anderen Fürsten des Nordens praktizierten, war die Umkehr des Bereicherungsverfahrens, das die Araber seit den Tagen ihres Einfalls in Spanien konsequent angewandt hatten." (Wördemann, F., 1985, S. 248)

Nach und nach nimmt die räumliche Ausdehnung der christlichen Reiche zu. Für die Mauren sind diese Eroberungen zunächst nicht weiter bedrohlich, breiten sich die Christen doch in erster Linie in den nahezu unbevölkerten und strategisch unwichtigen Zonen südlich der Königreiche Leon und Kastilien aus. Das ändert sich mit der Eroberung von Toledo im Jahr 1085 durch Alfons VI. Die Chris-

*Abbildung 13: Alfonso VI de León*

ten dringen damit in das geographische Herz des Landes vor. Noch wichtiger aber ist die historische Bedeutung der Stadt: Von hier aus regierten einst die westgotischen Könige ihr Reich. Unter den Mauren wurde aus Toledo eine Hochburg der Gelehrsamkeit, die auch als Hauptstadt des relativ großen Taifa-Reiches der Dhun-Nuniden und traditionsreiche Bildungshochburg ihre Bedeutung behält. Nun gibt die Rückeroberung Toledos den Christen Mut und Kraft. Die Mauren fühlen sich im Kern ihrer Herrschaft bedroht und rufen die kämpferischen konservativ-islamistischen Almoravidenkrieger zur Hilfe. Damit wird der Krieg der Königreiche endgültig zum Glaubens- und Kulturkrieg.

## El Cid tritt auf die Bühne und liefert Stoff für ein Heldenepos

Einer der ersten und berühmtesten Helden dieses Krieges ist Rodrigo Diaz de Vivar, genannt El Cid. Durch eine sehr frühe Literarisierung und Mystifizierung seines Lebens wird er zum Nationalhelden der Spanier.

Die älteste Niederschrift seiner Geschichte datiert aus dem frühen 13. Jahrhundert. Schon darin erscheint er als christlich-ritterlicher Held und unermüdlicher Kämpfer gegen die Maurenherrschaft, gleichsam als Befreier Spaniens. Dass diese Idealisierung äußerst fragwürdig ist, zeigt sich schon an der Herkunft des Ehrennamens. El Cid leitet sich vom Wort „Sid" ab, die maghrebinisch-umgangssprachliche Form des hocharabischen „Sayyid", Herr. Es ist kaum vorstellbar, dass jemand mit diesem Namen zeitlebens allem Arabischen feindlich gegenübersteht. Und tatsächlich ist El Cid ein echtes Kind seines kulturell durchmischten Landes. Er ist sowohl in der arabischen als auch in der christlichen Welt zu Hause und spricht sowohl fließend Kastilisch als auch Arabisch.

Nachdem El Cid bei seinem König Alfons VI aufgrund eigenmächtiger Raubzüge in Ungnade gefallen ist, findet er Zuflucht am Hof des maurischen Taifa-Fürsten von Saragossa. Dort sammelt er Krieger um sich, mit denen er sich einen eigenen – christlichen – Machtbereich erobern will. Zunächst erobert er das Gebiet um Valencia in der Grenzregion zwischen den von den Almoraviden übernommenen Taifa-Reichen auf der einen und den christlichen Königreichen Kastilien und Katalonien auf der anderen Seite. Unter der Herrschaft El Cids wird Valencia zum christlichen Bollwerk gegen die Mauren. Er macht aus der Hauptmoschee eine Kathedrale und lockt dank der Stiftung von Kirchen christliche Siedler ins Umland. Immer wieder muss er seine Stadt gegen die Almoraviden verteidigen, immer wieder bleibt er siegreich. Der Legende nach noch im Tod: Als er in einem Hinterhalt schwer verwundet wird, lässt er seine Gefolgsleute schwören, den Feind noch einmal anzugreifen. Man schminkt dem toten Anführer Lebenszeichen ins Gesicht, bindet ihn auf sein Pferd, schnallt ihm das Schwert am Körper fest und lässt das treue Ross den Schlachtzug anführen. Die Berber sind angesichts des totgeglaubten Feindes überrumpelt und werden triumphal besiegt.

Die historische Wirklichkeit sieht anders aus. Nach dem Tode Rodrigos erobern die almoravidischen Mauren Valencia. König Alfons VI gelingt es in letzter Minute, die Witwe des Cid und dessen Leichnam aus der Stadt zu bringen. Der offenbar schon zu Lebzeiten gefeierte Held wird zunächst in seiner kastilischen Heimat im Kloster San Pedro de Cardeña

*Abbildung 14: Rodrigo Diaz de Vivar, genannt El Cid*

begraben. Heute werden seine sterblichen Überreste in der Kathedrale von Burgos verwahrt, die auch zentraler Anlaufpunkt für die Heldenverehrung des legendären christlichen Ritters ist. Neben zahlreichen Reliquien findet sich hier seit 2007 auch sein Schwert Tizona, das zuvor jahrhundertelang im Armeemuseum in Madrid ausgestellt war.

## „Nach Jerusalem!" – und anschließend nach al-Andalus

Nicht nur der Islam, auch das Christentum radikalisiert sich nach der ersten Jahrtausendwende. Es gibt sich selbst strengere Regeln. Priester müssen ein Keuschheitsgelübde ablegen, Laien bekommen kaum noch Zugang zur kirchlichen Hierarchie, die römische Messeliturgie hält Einzug in den Gottesdienst. 1095 ruft Papst Urban II zum ersten Kreuzzug auf. Begeistert folgen die Massen seinem Ruf. 1097 fällt Antiochia, 1099 wird die Heilige Stadt Jerusalem überaus blutig erobert.

Auf rasche Siege folgen bittere Niederlagen. Die Ära der Kreuzzüge gilt nicht zu Unrecht als eines der schwärzesten Kapitel in der Geschichte des Christentums. Im guten Glauben, für die richtige Sache und den wahren Gott zu streiten, wird auf beiden Seiten gemordet, gefoltert und zerstört. „Hispanien geriet in dieser Zeit in den Sog zweier antagonistischer Strömungen: der Afrikanisierung des Islam und der Europäisierung des Christentums", schreibt Georg Bossong, Professor für romanische Philologie (2007, S. 42) „Für einen spanischen Sonderweg, für die Überwindung der Blöcke durch Paktieren über Grenzen hinweg war in dieser Welt kein Platz mehr."

Doch das kriegerische Christentum richtet seinen Eroberungswillen nicht nur auf das ferne Jerusalem, sondern auch auf die muslimischen Enklaven in Europa. Al-Andalus wird in seinen Augen zum von Glaubensfeinden besetzten Land, das mit allen zur Verfügung stehenden Mitteln zurückerobert und den christlichen Reichen einverleibt werden muss. Aus geachteten Nachbarn und zeitweise sogar Verbündeten werden erbitterte Erzfeinde.

Allein der Krieg ist noch lange nicht vorbei. Die wehrhaften, fest im Glauben stehenden Berberkrieger der Almoraviden haben den Christen mehr entgegenzusetzen als die in ihren Augen verweichlichten Taifa-Reiche.

**Die Almoraviden führen die Taifa-Reiche zusammen und die maurische Kultur nach Afrika**

Während im Norden und Westen der Halbinsel die christlichen Königreiche die Reconquista unaufhaltsam vorantreiben, haben in den maurischen Taifa-Königreichen des Südens und Ostens zwischen 1086 und 1116 die Almoraviden die Macht übernommen und sie damit erneut zu einem geschlossenen Herrschaftsgebiet zusammengeführt. Sie bekämpfen nicht nur die Christen an den Grenzen ihrer Einflusssphäre, sondern auch Juden und die Anhänger der innerhalb des Islam weit verbreiteten mystischen Sufi-Bruderschaften innerhalb ihres Reiches.

Auch in Afrika sind die Almoraviden zu dieser Zeit mächtig und einflussreich. Zur Zeit seiner größten Ausdehnung beinhaltet ihr Reich einen weit bis in die Wüste hineinreichenden Streifen, zu dem das Gebiet vom heutigen Senegal über Mauretanien bis zum westlichen Algerien und eben auch der Südwesten Spaniens bis nach Saragossa gehört. Damit afrikanisiert sich das maurische Spanien, umgekehrt gelangen Einflüsse aus den Maurengebieten in Spanien nach Afrika. Beim Bau neuer Moscheen in Algier und Tlemcen kommen Handwerker aus al-Andalus zum Einsatz. Sie bringen typisch südspanische Elemente auf den afrikanischen Kontinent, zum Beispiel das für die maurische Kunst typische Doppelfenster Ajimez, übereinander gestellte Kleeblattbögen als Ornament und leicht angespitzte Hufeisenbögen. „Auf diese Weise gelangte das Raffinement der andalusischen Künste nach Nordafrika, seien es Gedichtformen, Musikgattungen und Architekturstile: Die bedeutendsten Moscheen von Marokko sind andalusisch geprägt; die von den Konservatorien von Tetuan und Rabat gepflegte Musikkultur ist andalusischen Ursprungs und heißt bis heute im Arabischen mûsiqâ andalusiyya." (Bossong, G., 2007, S. 52)

Die Almohaden kommen an die Macht

Während sich auf der iberischen Halbinsel Almoraviden und Christen über Jahrzehnte hinweg bekämpfen, gewinnt in Afrika eine neue Dynastie an Macht – die Almohaden, eine sittenstrenge islamische Reformbewegung. Innerhalb weniger Jahrzehnt erobern ihre Anhänger unter ihrem Führer Abd al-Mumin zunächst die Hauptstadt Marrakesch und danach den gesamten Einflussbereich der Almoraviden. Während der kriegerischen Auseinandersetzungen, die mit

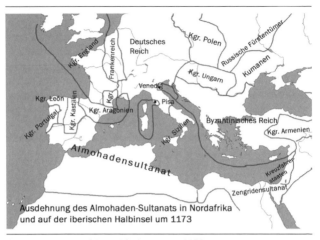

*Abbildung 15: Nordafrika und Südeuropa um 1173*

dem Machtwechsel in Afrika einhergehen, gerät das maurische Spanien vorübergehend aus dem Fokus der Moslems. In einigen Städten und Regionen können die Christen zeitweise Boden gut machen, aber noch sind die Araber stark. Mit der Ankunft von Abd al-Mumin auf der iberischen Halbinsel und später unter seinem Nachfolger Abu Yaqub Yusuf I kann das Reich noch einmal gefestigt und gegen die Christen verteidigt werden. Gegen Ende des 12. Jahrhunderts regieren im muslimischen Teil Spaniens almohadische Staatsmänner, die zwar einen streng ausgelegten Islam propagieren, gleichzeitig aber Kunst und Wissenschaft fördern. Yusuf I legt den Grundstein für die große Moschee in Sevilla und pflegt eine Bibliothek, die sich mit der von Al-Hakam II messen kann. Insgesamt erleben Kunst, Kultur und Philosophie eine weitere Hochzeit.

*Abbildung 16: Schlacht bei Las Navas de Tolosa (1212)*

Aber elegante Gespräche, kluge Gedanken und all die schönen Künste können nicht darüber hinwegtäuschen, dass wir uns in einem Jahrhundert brutaler Glaubenskriege befinden. Unaufhörlich schreitet die Eskalation voran. Im Jahr 1211 überquert Kalif Muhammad an-Nasir mit einem großen Heer nordafrikanischer Soldaten die Straße von Gibraltar, überfällt christliche Gebiete und erkämpft sich die Ordensburg Salvatierra. Der amtierende Papst Innozenz III kann sich das nicht gefallen lassen und ruft empört zum Kreuzzug auf. 1212 kommt es bei Las Navas de Tolosa zur entscheidenden Schlacht: „Hier standen sich Christentum und Islam auf Leben und Tod gegenüber wie nie zuvor oder danach in der Geschichte." (Bossong, G., 2007, S. 50) Zehntausende christlicher Krieger aus ganz Europa stehen muslimischen Truppen aus Nordafrika, Ägypten, Arabien, Kurdistan, der Türkei und Kleinasien gegenüber. Keine der

Fronten ist homogen. Auf christlicher Seite stehen Portugal und Leon dazwischen, weil sie mit muslimischen Fürsten im Bunde sind. Bei den Muslimen kommt es zum internen Aufruhr, als der Kalif einen der fähigsten andalusischen Generäle hinrichten lässt. Bei der entscheidenden Schlacht bei Las Navas de Tolosa gelingt es den vereinten Christen, die Araber vernichtend zu schlagen.

### Die Reconquista ist in voller Fahrt

Die Almohaden sind besiegt. Erneut zerfällt das maurische Spanien in viele kleine Königreiche, die sogenannten dritten Taifas. Die Christen hingegen demonstrieren Einigkeit. Seit 1230 sind Kastilien und Leon zu einem Königreich vereint. Im Zuge der Gran Reconquista, wie diese Periode in der spanischen Geschichtsschreibung heißt, wird eine Maurenstadt nach der anderen erobert. König Ferdinand III von Kastilien und Leon besetzt 1236 Córdoba, die Hauptstadt des maurischen Kalifats. Kurz darauf folgen Jaen und Sevilla. Cadiz kann sich noch bis zum November 1248 halten, dann muss die Stadt sich nach blutigen Kämpfen geschlagen geben. „Es ist ein wahrer Kreuzzug, der von den Gebeten der gesamten Christenheit begleitet wurde. (…) Der Fall dieser Stadt markiert nach 535 Jahren muslimischer Herrschaft das Ende der Almohaden. Ferdinand gewinnt dadurch ein immenses Prestige in der gesamten Christenheit." (Clot, A., 2002, S. 242) Auch die anderen christlichen Herrscher sind nicht untätig. 1229 übernimmt Jaume I von Aragon die

Mittelmeerinsel Mallorca, 1235 die Nachbarin Ibiza. Dass die Reconquista mit der Rückeroberung der Balearischen Inseln begann, ist kein Zufall. „Diese zu beherrschen, war für die Schiffahrt von Barcelona entscheidend wichtig, weil andernfalls die Balearen Kriegsschiffen als Basen dienen konnten, von denen aus die Handelsschiffe von Barcelona überfallen und geplündert werden konnten." (Hottinger, A., 2005, S. 283) Im Juni 1238 zieht Jaume I endgültig in Valencia ein. Auch finanziell lohnen sich die Eroberungen, denn die maurischen Städte sind reich. Wer sie erobert, erringt neben Macht, Ansehen und himmlischem Lob prachtvolle Kunstschätze, wertvolle Bibliotheken und glänzendes Gold – der unentbehrliche Grundstoff für weitere Kriege.

### Toledo wird zur Universität der Welt

Dem weisen Herrscher Alfons VIII von Kastilien ist es zu verdanken, dass trotz aller Kriegs- und Eroberungswirren der geistige und kulturelle Austausch zwischen den Religionen aufrechterhalten bleibt. Eine Schlüsselrolle spielt dabei die alte Bildungshochburg Toledo, wo Gelehrte mit christlichem, jüdischem und muslimischem Hintergrund gemeinsam daran arbeiten, das Wissen und Denken der Welt zu erschließen, aufzubereiten und zu bewahren. Damit wird die Stadt zum Magneten für Gelehrte und Bildungshungrige aus aller Welt. „Man kann Toledos Beitrag zur europäischen Geistesgeschichte nicht hoch genug einschätzen (…). Die spanischen Universitäten genossen Weltruf und zogen Studenten aus allen Teilen Europas an. Hier lagen nun die Schatzhäuser überlieferten Wissens und die, die als Vermittler dieses Wissens tätig waren – hauptsächlich Moslems und Juden – schlossen sich den neugegründeten Übersetzerschulen unter königlichem Patronat an." (Schmeer, S., 1999, S. 16) Die Schule von Toledo wird die Entwicklung fast aller modernen Wissenschaften nachhaltig prägen. Antike Standardwerke der Medizin, Optik, Physik, Geometrie, Astronomie und Nautik werden hier abgeschrieben, übersetzt und kommentiert. Wer als Student der damaligen Zeit den Aufbau und die Geschichte der Welt nach neuester Erkenntnis verstehen lernen wollte, der zieht nach Toledo.

### Die Anhänger Allahs werden an den Rand der Gesellschaft gedrückt

Zunächst können die Menschen in den eroberten Gebieten ihr Alltagsleben wie gewohnt fortsetzen, nur dass sie jetzt eben neuen Herren tributpflichtig sind. Das ändert sich schon bald. Die Könige von Gottes Namen setzen alles daran, den in ihren Augen falschen Glauben des Islam und, folgerichtig, die sich hierzu bekennenden Muslime aus Stadt und Land zu vertreiben. Überall entstehen christliche Siedlungen. Die Moslems in den Städten werden enteignet und in ihnen vorbehaltene Viertel verbannt. Die Rechte der an Allah und den Koran glaubenden Menschen werden mehr und mehr eingeschränkt. Sie verlieren ihre eigene

Gerichtsbarkeit und unterliegen fortan christlicher Gesetzgebung und damit häufig auch Willkür. Der Landbesitz ist ihnen verwehrt. Ihr Geld dürfen sie nur noch mit Handel und Handwerk verdienen. „Häufig außerhalb der Stadtmauern in gettoähnlichen Siedlungen untergebracht, stand das Verbleiben dieser arbeitsamen und fähigen Menschen durchaus im Interesse der Christen, die die muslimische Bevölkerung als billige Arbeitskräfte einsetzen." (Clot, A., 2002, S. 245)

Für die Muslime ist diese Situation vollkommen neu. Sie sind einst als Eroberer ins Land gekommen und stellten bisher seine Führungsschicht. Um ihren Glauben weiterhin praktizieren zu können und um ihre Identität zu wahren, schotten sie sich von Christen und Juden ab oder verlassen für immer das Land. „Da ein zu enger Kontakt zu den Christen die reine Gläubigkeit der Muslime beschädigen könnte, hatte er zu unterbleiben. Folge war eine Gettoisierung weiter Teile der Mudéjárs in Aragon und Kastilien, die durch die religiöse Apartheit der Vertreter der christlichen Doktrin verstärkt wurde." (Freller, T., 2009, S. 52)

## Die letzte maurische Bastion Granada wird zum Fluchtpunkt der Rechtgläubigen

Während sich nun also der größte Teil der spanischen Halbinsel unter christlicher Herrschaft mehrerer Königreiche befindet, kann sich eine muslimische Enklave im äußersten Süden noch weitere rund 250 Jahre lang halten. In Granada herrschen die Nasriden. Sie sind Vasallen der kastilischen Könige, dürfen ihre Religion aber frei ausüben. Grundlage für diese ungewöhnliche Konstellation ist ein Vertrag zwischen Muhammad Yusuf ben Nasri, genannt Al-Ahmar, und dem kastilischen König Ferdinand III aus dem Jahr 1246. Darin verpflichtet sich Muhammad zu beträchtlichen Tributzahlungen und zur militärischen Unterstützung Kastiliens. Deshalb kämpft ein Kavalleriekorps aus Granada bei der Belagerung von Sevilla auf Seiten der christlichen Könige. Das ist eine demütigende Erfahrung, die dem Ansehen des Emirs bei den iberischen Moslems sehr schadet. Immerhin gelingt es ihm dank des Paktes mit Kastilien, Granada dem Islam zu erhalten. Die Stadt am Rand der Berge wird zur Zuflucht für zahlreiche Muslime, die andernorts um Leib und Leben fürchten.

Dank des schützenden Vasallenstatus' können die Emire von Granada vergleichsweise unbehelligt von der christlichen Zentralmacht ein elaboriertes Staats- und Verwaltungswesen errichten und ausbauen. Anstatt sich in der unwegsamen Sierra Nevada aufzureiben, dehnen die Rückeroberer ihre Feldzüge auf das nordafrikanischen Festland aus – wenngleich mit wenig Erfolg.

In Granada lebt das alte al-Andalus weiter. Seinen nasridischen Herrschern gelingt es, genau hier, im Spannungsfeld der Weltreligionen, unter den wachsamen Augen der Christen in Spanien und der Moslems in Nordafrika den Glanz und die Größe des verlöschenden Maurenreiches zu erhalten. „Wechselnde Allianzen, Ausnutzung interner Machtkämpfe bei den Christen wie den Muslimen, Grenzkriege mit wechselhaftem Erfolg, innere Zwistigkeiten – all dies bestimmte die politische Geschichte des nasridischen Granada; es war ein stets bedrohtes Leben, ein ständiges Lavieren zwischen mehreren Fronten." (Bossong, G., 2007, S. 55) Dass sich das kleine Emirat von Granada in diesem feindlichen Umfeld mehr als zwei Jahrhunderte lang halten kann, grenzt an ein Wunder. Es ist vor allem dem diplomatischen Geschick seiner regierenden Fürsten zu verdanken. Allerdings wird die strategisch gute Lage zwischen der Bergkette der Sierra Nevada und dem Mittelmeer dazu beigetragen haben, die Selbstständigkeit der muslimischen Enklave so lange zu bewahren.

Obwohl die Moslems im ansonsten überwiegend christlichen Spanien immer noch geduldet werden, wandern viele von ihnen aus. Sie ziehen entweder nach Nordafrika oder nach Granada. Die Stadt ist dicht bevölkert, an den Stadttoren tummeln sich ein- und ausreisende Händler und Besucher, in den Straßen herrscht lebhaftes Treiben. Das sorgt zwar für Spannungen, aber ebenso – dank der hohen Zahl gut ausgebildeter Zuwanderer – für eine florierende Wirtschaft. Den christlichen Herrschern kann das nur recht sein. Nur ein reiches Granada kann die Last der Tributzahlungen dauerhaft tragen.

### Der letzte Vorhang senkt sich über Granada

Erst mit Beginn des 15. Jahrhunderts gerät das letzte Maurenreich auf spanischem Boden ernsthaft in Gefahr. Der letzte Akt beginnt mit internen Machtkämpfen. Die Familie der Banus-Saradsch strebt nach der Macht und bedroht die herrschende Dynastie der Nasriden. Gleichzeitig wird die Lage in den Randbezirken instabil. Nach monatelanger Belagerung fällt die strategisch wichtige Grenzstadt Antequera 1410 an Fernando von Aragon, dem Großvater des später noch berühmter gewordenen Königs Fernando (oder Ferdinand) II. Trotzdem können sich die Mauren noch einige Jahrzehnte halten. Erst als sich die christlichen Königreiche in Spanien zusammenschließen und mit der Hochzeit von Isabel von Kastilien und Ferdinand II von Aragon zu einer schlagkräftigen Großmacht werden, gerät Granada ernstlich unter Druck. Denn Ferdinand und Isabel (auch: Isabella) sind zusammen weit stärker, als es ihre autonomen Länder zuvor waren.

## Die „Katholischen Könige" Isabella und Ferdinand bezwingen Granada

„Die beiden Souveräne reorganisierten die politische Macht, die Finanzverwaltung, stellen die Ordnung im Lande wieder her und bereiten sich insbesondere darauf vor, die Reconquista zu vollenden." (Clot, A., 2002, S. 255) Das Paar schöpft seine politische Macht aus der Kraft des Glaubens. Und wirklich werden „Los Reyes Católicos" – die Katholischen Könige, wie sie dank päpstlichem Dekret, Dank und Ansporn zugleich, genannt werden – Granada den Mauren entreißen. Dahinter stand die kluge Überlegung von Isabella von Kastilien, dass man um des inneren und äußeren Friedens willen die Mauren nicht länger gewähren lassen konnte. „Sie hatte erkannt, dass ein Krieg der Raids und Überfälle auf vereinzelte Festungen den Muslimen immer wieder erlauben würde, ihr Reich zu retten und ihre Herrschaft innerhalb des von ihnen erstellten Verteidigungssystems fortzuführen (…) Sie beschloss deshalb, eine lange Serie von Belagerungen der Burgen und festen Schlösser durchzuführen, um diese eine nach der anderen und zum Schluss selbst Granada einzunehmen." (Hottinger, A., 2005, S. 313)

Es ist ein harter Kampf. Zehn Jahre dauert es, bis sich der letzte Nasridenherrscher ergibt. Stadt für Stadt der bevölkerungsreichen Provinz muss erobert werden. 1492 gibt sich auch die Hauptstadt Granada nach langer Belagerung geschlagen. Ihr letzter Herrscher, Muhammad XII Abu

*Abbildung 17: Boabdil übergibt den Stadtschlüssel von Granada*

Abdallah, von den Spaniern genannt Boabdil, übergibt die Stadtschlüssel an die katholischen Könige.

### Die Alhambra, geistige Wohnstatt Allahs

Für die Nachwelt ist dieses letzte muslimische Reich mit dem berühmtesten arabischen Bauwerk auf europäischem Boden verbunden. Die Alhambra ist Herrschersitz und Hauptstadt der Nasriden. Schon Ende des 9. Jahrhunderts stand an der Stelle, an der sich bis heute die mächtigen Mauern des faszinierenden Gebäudes erheben, eine rote Burg, die in arabischen Quellen erwähnt wird. Vermutlich nach der Farbe ihrer Mauern, die aus dem roten Lehm der Gegend

*Abbildung 18: Schriftzug an den Wänden der Alhambra:
„Es gibt keinen Sieger außer Allah"*

gefertigt sind, heißt sie al-qal'at al-hamra – kurz Alhambra. Sie wurde in den Wirren der Religionskriege zerstört, doch kurz nach der Jahrtausendwende von den jüdischen Magnaten Samuel al-Nagid und seinen Sohn Yusuf Ibn Nagid wieder aufgebaut, vergrößert und umgestaltet. Ob der berühmte Löwenbrunnen auf diese Bauphase zurück geht oder ein Kunstwerk des 13. Jahrhunderts ist, hat man noch nicht eindeutig klären können. Zumindest wird er in einem Gedicht des jüdischen Dichters und Philosophen Salomon Ibn Gabirol ausführlich beschrieben. Bei einem Pogrom, das sich gegen den Reichtum und die Macht Yusufs richtet, wird dieses Gebäude schon bald erneut zerstört. Als Muhammad I al-Ahmar Granada im 13. Jahrhundert zu seiner Hauptstadt macht, baut er die alten Befestigungsanlagen wieder auf und lässt Kanäle zur Wasserversorgung der Burg und der dazugehörigen Gärten anlegen.

In den folgenden Jahrzehnten bauen und erweitern die nasridischen Herrscher die Anlage und machen sie zu einer der prächtigsten Residenzen der Welt. Auch die Wohnviertel und Verwaltungsbezirke in ihrem direkten Umfeld entstehen in dieser Zeit. Sie zeugen von der Prachtentfaltung und vom Reichtum des widerspenstigen Reiches, aber auch vom großen Wissen und der Kreativität seiner Baumeister. Kunstfertigkeit und Geschick der muslimischen Handwerker von Granada suchen weltweit ihresgleichen. Noch heute faszinieren uns die reich mit Ornamenten und arabeskem Dekor verzierten Wände mit den in Stein gemeißelten Kalligraphien berühmter Gedichte. „Der Zusammenklang von Architektur, Wasserspielen, Poesie und Kalligraphie zeugt vom äußersten Grad an Verfeinerung, den die Kultur von al-Andalus in ihrer letzten Blütezeit erreicht hatte. In ungezählten Variationen wirkt dieses Symbol vergangenen Glanzes bis heute nach." (Bossong, G., 2007, S. 120)

Die Faszination und die Schönheit des Ortes machen ihn zum Stolz Spaniens. Das Sprichwort „Quien no ha visto Granada no ha visto nada" (Wer Granada nicht gesehen hat, hat nichts gesehen) bringt dieses Gefühl auf den Punkt. Der amerikanische Reiseschriftsteller Washington Irving, der sich zu Beginn des 19. Jahrhunderts in Granada aufhielt, schwärmt: „Für den geistvollen Reisenden, der Sinn für Kunst, Poesie und Geschichte hat, der die Natur liebt und die Menschen in ihrer Ursprünglichkeit, dem ist die „rote Burg" , die Alhambra Granadas, ebenso ein Gegenstand der Verehrung wie die Kaaba von Mekka, die jeden gläubigen Moslem in die Knie zwingt." (Irving, W., 1832/2010, S. 41) Jahrhunderte zuvor können sich auch die katholischen Eroberer der Magie des Ortes nicht entziehen. Die Alhambra wird zur königlichen Residenz. Morisco-Handwerker,

*Abbildung 19: Patio de los Arrayanes, Alhambra, Granada*

*Abbildung 20: Löwenhof der Alhambra, Granada*

so nennt man christlich getaufte Moslems, werden angestellt, um die kostbaren Ornamente instand zu halten. Auf diese Weise kann das einzigartige Bauwerk über viele Jahrhunderte hinweg erhalten werden. Die einzige wesentliche Veränderung erfolgte zur Regierungszeit des Kaisers Karl V, der einen Teil des nasridischen Palastes abreißen ließ, um eine Residenz im Stil der Renaissance zu errichten. Dieser Bau wurde allerdings nie vollendet. Erst im 20. Jahrhundert bekam er ein Dach und beherbergt heute unter anderem das Museum der Schönen Künste und das Museum der Alhambra. Er ist zwar nicht sonderlich bemerkenswert, tut der Schönheit der Alhambra allerdings kein Abbruch.

## Nach dem Fall Granadas müssen sich die Muslime entscheiden: Wegzug oder Taufe

Mit der Niederlage der maurischen Reiche ist die Zeit des Islam in Spanien noch nicht vorüber. Überall in den von der Reconquista eroberten Gebieten leben Muslime, die ihrem Glauben weiterhin anhängen und ihre Religion ausüben, die sogenannten Mudejares. Selbst dort, wo viele Moslems freiwillig oder gezwungenermaßen emigrieren, lädt man sie bald zur Rückkehr ein, denn die christlichen Herrscher finden nicht genügend Menschen, um das Land zu bewirtschaften. Besonders in Sevilla und in der Region Valencia ist die Mehrheit der Bevölkerung islamisch geprägt. Hier blüht das muslimische Leben trotz der christlichen Herrschaft.

Mit dem Fall Granadas und dem Erstarken der christlichen Inquisition – die Ferdinand und Isabella zwecks zentralstaatlicher Neuorganisation des geeinten Spaniens ins Leben rufen (vgl. Kuffner, K., Wien 2010, S. 91 ff.) – verschieben sich diese Verhältnisse noch einmal massiv. Moslem zu sein, wird gefährlich. Die Zeit der Religionsfreiheit ist vorüber. Die flammengewaltige Inquisition wirft ihre Schatten voraus.

Isabella und Ferdinand, die Katholischen Könige, dulden keine Andersgläubigen in ihrem Reich. Juden und Moslems werden vor die Wahl gestellt, entweder auszuwandern oder den christlichen Glauben anzunehmen. Mit Billigung des Islams werden aus Mudejares nun Moriscos: „Nach islamischer Rechtsprechung ist es Muslimen ausdrücklich erlaubt, sich aus Gründen der Opportunität zu verstellen, solange sie nur im Herzen ihrem Glauben treu bleiben." Die Folge: „Zwangstaufen produzieren Scheinchristen, notwendigerweise. Und solches Scheinchristentum rief, ebenso notwenderweise, die Inquisition auf den Plan", erläutert Professor Georg Bossong den zwangsläufigen historischen Prozess (Bossong, G., 2007, S. 60).

„Aus einem schlechten Mauren wird nie ein guter Christ"

Die katholische Kirche schaut mit Argusaugen auf die unter Druck von Allah zu Gott Übergetretenen. Das belegt das spanische Sprichwort „De mal moro nunca buen cristiano" (Aus einem schlechten Mauren wird nie ein guter Christ). Wie alle Christen unterstehen auch die Moriscos der Inquisition. Auf dem Prüfstand steht von nun an nicht nur, ob die frischgetauften Moslems ihren religiösen Pflichten nachkommen und ihrem alten Glauben offiziell abschwören, sondern vor allem, ob sie dies mit der richtigen Gesinnung und aus ganzem Herzen tun. Was das bedeutet, fasst Bossong so zusammen: „Falsche Gesinnung wurde zu einem Straftatbestand, der im schlimmsten Fall mit dem Feuertod, der Konfiskation aller Güter und der Verfemung der Nachfahren bis ins dritte und vierte Glied bestraft werden konnte. Dies ist ein Novum in der Menschheitsgeschichte, ersonnen von der spanischen Inquisition in dieser historisch einmaligen Situation: der Versuch der totalen Kontrolle über die innersten Regungen eines Menschen." (Bossong, G., 2007, S. 60)

Trotz der Verfolgung und Bestrafung durch die Inquisition erhalten sich in vielen Gegenden Spaniens und Portugals jüdische und muslimische Bräuche. Doch nun werden die religiösen Riten mehr oder weniger im Geheimen vollzogen, denn die Schikanen durch die spanische Obrigkeit nehmen fortwährend zu.

### Ein schändliches Ende: Spanien wird von Moslems „gesäubert"

Am Weihnachtsabend des Jahres 1568 kommt es schließlich zum Aufstand. In Béznar, einer Kleinstadt südlich von Granada, kommt es zu einer blutigen Revolte der Moriscos gegen die erdrückenden Auflagen Philipps II. Der entsendet seinen Halbbruder Don Juan de Austria, dem es mit einem großen Heeresaufgebot gelingt, die Rebellen zu besiegen. Um solche Vorfälle ein für alle Mal auszuschließen, beschließt der König, die Moriscos in möglichst kleinen Gruppen über das gesamte Land zu verteilen. 45.900 Menschen werden infolge dieses Gesetzes umgesiedelt. Befriedet ist die Situation damit freilich immer noch nicht.

Als letztes Mittel im Kampf um den reinen Glauben greifen die Machthaber zur konsequenten Vertreibung der Andersgläubigen. Stadt um Stadt, Dorf um Dorf, Haus um Haus wird auf diese Weise gesäubert. Insgesamt werden mehr als 300.000 Menschen gezwungen, ihre seit Jahrhunderten angestammte Heimat zu verlassen und in Nordafrika oder anderen islamischen Ländern ihr Glück zu suchen. Im Jahr 1614 werden die letzten Moriscos von der iberischen Halbinsel deportiert. Die Christen haben endgültig gewonnen.

Der nicht abreißende Gold- und Silberstrom aus Amerika hat das christliche Spanien im 15. und 16. Jahrhundert in sein bislang reichstes Zeitalter geführt. Politisch indes – man denke an die Unterdrückung und finale Vertreibung von Moslems und Juden, die Schrecken der Inquisition und nicht zuletzt an die barbarischen Handlungen der von den katholischen Königen entsandten Conquistadores in den Ländern der Neuen Welt – versinkt der größte Teil der iberischen Halbinsel in ethisch-moralische Armut.

Für die Wirtschaft des Landes ist der Aderlass an Händen, Herzen und Köpfen verheerend. Ganze Landstriche liegen brach. Die lebensnotwendige Bewässerung bricht zusammen. Das Land steht vor einem wirtschaftlichen Kollaps. Zum Glück für die unerbittlichen christlichen Könige fließt aus den eroberten Gebieten Süd- und Mittelamerikas unablässig neues Gold und Silber, ein unschätzbarer Reichtum, in die Staatskassen. Das rettet sie vor dem sonst vermutlich unvermeidbaren Ruin.

Damit ist die Geschichte des maurischen Spanien endgültig vorüber. Die spanische Inquisition und die christlichen Missionare wenden sich neuen Zielen zu.

KAPITEL 4

# Der Paradiesgarten von al-Andalus
Leben und Sterben auf der iberischen Halbinsel

Beim Tod Mohammeds im Jahr 632 hatte sich der Islam bereits auf der ganzen arabischen Halbinsel ausgebreitet. Richtlinien, wie mit den iberischen Untertanen umzugehen sei, fanden die Eroberer im Koran. Dort werden die Christen anerkennend als „Volk der Schrift" bezeichnet (Sure 5, Vers 77) und von den Heiden abgegrenzt. Letztlich seien sie jedoch ungläubig, da sie an die Dreifaltigkeit und die Gottessohnschaft Jesu glauben. Der Koran rät den Muslimen, sich keine Christen zu Freunden zu nehmen. An mehreren Stellen werden sie aufgefordert, „Ungläubige" zu töten (zum Beispiel in Sure 4, Vers 89). Die meisten Moslems interpretieren diese Stellen aber nicht als Erlaubnis, Christen umzubringen.

In den auf Mohammeds Tod folgenden drei Jahrhunderten breitet sich der islamische Glaube von Zentralasien bis Portugal aus, mithin in „die Gebiete, die das Herz der Alten Welt gewesen waren." (Lombard, M., 1971, S. 25) Das ökonomische Wachstumspotential, das ihm damit in den Schoß fällt, wird auf Anweisung von Kalifen, Emiren und lokalen Statthaltern intelligent genutzt und vergrößert: fruchtbare Böden, die reiche Ernten und ergiebigen Bergbau gestatten, befestigte Häfen, Binnenwasserläufe und ein gut ausgebautes Straßennetz, was den Transithandel zwischen West und

Ost begünstigt, sowie eine etablierte urbane Struktur mit reichen Städten als Knotenpunkte, die den wirtschaftlichen, sozialen und kulturellen Zusammenhalt ebenso begründen und begünstigen wie der islamische Dinar und Dirham als überall willkommene Münzen und die arabische Sprache als Lingua Franca. „Von Samarkand bis Córdoba ist die islamische Kultur eine städtische Kultur von bemerkenswerter Homogenität, mit einem breiten Austausch von Menschen, Waren und Ideen, eine synkretistische Kultur, die die alte regionale Grundschicht, sei sie nun bäuerlich oder nomadisch, überlagert." (Lombard., M., 1971, S. 28)

Es ist just diese Kultur, die Spanien und Portugal unter maurischer Führung nicht nur ein wirtschaftliches, sondern auch ein enormes geistiges Wachstumspotential erschließen wird.

Bei der Ankunft der Mauren ist die iberische Halbinsel mit Ausnahme der großen Städte dünn besiedelt. Die teils repressiven, teils anarchischen Zustände am Ende der Westgotenära haben die Bindung der Einwohner an ihre lokalen und familiären Gruppen gestärkt und auf die vorrömische Zeit zurückgeführt. Die iberischen und keltischen Völker vertrauen eher auf Familie und Stamm als auf wechselnde Obrigkeiten, von denen erfahrungsgemäß nichts Gutes zu erwarten ist. Diese aus Vorsicht geborene Bejahung der Eigenverantwortung ist ein Glücksfall für die neuen Herren. Denn mit dieser Haltung kommen die Europäer dem arabischen und levantinischen Unabhängigkeitsstreben so nahe, dass Araber, Afrikaner und Europäer binnen weniger Jahrzehnte zu einem Volk zusammenwachsen. Die Kehrseite der Medaille: Just dieses Streben nach Selbstbestimmung, so die These des französischen Historikers Maurice Lombard, könnte das spätere Auseinanderfallen des maurischen Reiches in die autonomen Kleinkönigreiche der Taifa erklären.

In den ersten Jahren nach der Machtübernahme folgen die Araber der ungeschriebenen Usurpatorenregel *vae victis*, Wehe den Besiegten. Sie führen das Schwert, verwüsten Ortschaften und Gehöfte, rauben, morden und misshandeln die Einheimischen, insbesondere die Vermögenden unter ihnen. Damit ist es jedoch in der zweiten Hälfte des 8. Jahrhunderts vorbei. Die Araber sind sich ihrer Herrschaft sicher und lassen die ihnen tributpflichtige Bevölkerung – vier Fünftel ihrer Ernte müssen die Bauern an die Landbesitzer abgeben – in eigener Regie leben und arbeiten.

### Die Traditionskerne der arabischen Völker

Das bedeutet keinesfalls, dass die Andersgläubigen, also Christen und Juden, auf gleicher gesellschaftlicher Stufe mit den muslimischen Herren stehen. Dafür gibt es zwei Gründe. Zum einen betrachten die Araber den Islam als spezielle Offenbarung für sich selbst. Sie verstehen die Verkündigung als besondere Auszeichnung ihres Volkes und gleichzeitig als eigens an sie gerichtete Mahnung, ein ihrem

Gott gefälliges Leben zu führen. (In diesem hegemonialen Anspruch treffen sich Islam und Judentum, hierzu mehr bei Gresser, G., 2011, S. 229 ff.) Den Anhängern anderer Religionen gegenüber fühlen sie sich überlegen. Zum anderen steht der arabische Begriff *maula*, im Plural *mawali* (Schutzbefohlener oder Klient) für eine Besonderheit der arabischen Stammestraditionen innerhalb der Grundmuster altarabischer Clanverbände. Charakteristisch für diesen vom Ethnologen Reinhard Wenskus (1977) als „Traditionskern" bezeichnetes Gesellschafts- und Glaubenskonstitutiv ist „die patriarchal organisierte Familie als kleinste Einheit, die ihrerseits wieder Bestandteil größerer Einheiten wie Clans oder auch Stämme sein kann. (…) Die gemeinsame Abstammung ist demnach konstitutiv für das Gefühl der Zusammengehörigkeit der jeweiligen Gruppe." (Bobzin, H., 2007, S. 232) Die Gemeinschaft steht für ihre Mitglieder ein und gewährt ihnen Schutz, übernimmt auch Verantwortung für angerichteten Schaden. Der Preis dafür ist die Unterwerfung unter den Anführer des Stammes, den „Ältesten" oder Scheich. Von den Außenstehenden grenzt sich die Gruppe streng ab. „Wohl war man bereit, Fremde in Stamm oder Sippe zu integrieren, jedoch nicht zu adoptieren, das heißt, ihnen die vollen Rechte eines geburtsmäßigen Mitglieds der Gemeinschaft zuzugestehen." (Marboe, R.A., 2006, S. 45)

## Bürger erster und Bürger zweiter Klasse

Wie es das Primat der Abstammung Nicht-Familienangehörigen unmöglich macht, sich vollkommen in die Gruppe zu integrieren, so lässt es auch diejenigen außen vor, die nicht von Geburt an zu Allah und dem Koran stehen. Selbst der Übertritt zum Islam macht aus Christen und Juden noch keine vollwertigen Mitglieder der Umma, der muslimischen Gemeinschaft. Jeder Konvertit braucht einen rechtgläubigen Schirm- oder Schutzherrn, der für sie bürgt und sie in seiner Glaubensgemeinde vertritt. Dass Christen und Juden, die an ihrem Glauben festhalten, von den Muslimen als Andalusier zweiter Klasse betrachtet werden, liegt auf der Hand.

Die Integrationsbarrieren im maurischen Spanien verlaufen freilich nicht nur entlang des Glaubens, sondern auch entlang des Berufes, der bewiesenen Professionalität und abgeleitet davon der wirtschaftlichen Leistungsfähigkeit des Einzelnen. Zu den Bürgern erster Klasse zählt die Ober- und die Mittelschicht: Landbesitzer und Pächter, Höflinge, Gelehrte, Händler, Geldverleiher, Kunsthandwerker, Baumeister sowie hochangesehene Gärtner. Zu den Bürgern zweiter Klasse gehören die (nach der Landreform von Abd ar-Rahman I) wenigen besitzlosen Feldarbeiter und die Sklaven.

Da Kaufleute, Bauern und Handwerker in der Lage sind, sich selbst zu versorgen und ihren Familien ein auskömmliches Einkommen zu verschaffen, hegen sie wenig Bereitschaft, gegen die maurische Oberschicht aufzubegehren. So bildet sich das stabile Fundament einer zufriedenen und befriedeten Mittelschicht. Der Aufschwung des bäuerlichen Klein- und Mittelbesitzes legt die Grundlage für die ökonomische Expansion. Klug vermehrter Wohlstand und politische Klugheit, gepaart mit Kunstverstand, wird Andalusien im Laufe der Jahrhunderte in einen wahren Paradiesgarten verwandeln.

### Die Araber herrschen, weil sie die Bevölkerung den Fortschritt und die Schönheit lehren

Unter den Westgoten genossen die Grundeigentümer in Klerus und Adel weitreichende Privilegien. Diesem frühen Feudalismus macht Abd ar-Rahman I radikal ein Ende. Unter ihm besitzen die Araber zwar das meiste Land, doch der maurische Fürst dringt darauf, größere Latifundien zu zerschlagen und auf viele Eigentümer aufzuteilen. Als Folge des damit in Gang gesetzten Wettbewerbs und der Einführung neuer, die römischen Aquädukte besser ausnutzenden Bewässerungssysteme wie die Noria und die Kanate (siehe S. 95), aber auch der aus Nordafrika neu eingeführten Düngemittel steigen die Erträge. Obst und Feldfrüchte sind reichlich vorhanden, können sogar über die Grenzen exportiert werden, und kein Freier muss hungern.

Der Handel mit wertvollem Bauholz, Erzen, Metallen, Textilien und Gewürzen liegt ganzheitlich in den Händen

*Abbildung 21: Das Noria genannte Wasserrad befördert Wasser in einen höher liegenden Kanal*

der maurischen Araber. Sie sind wohlhabend und machen Andalusien reich. Auch Bankgeschäfte sind allein ihnen vorbehalten. Doch sie achten fachkundige Mitarbeiter hoch und lassen sie ihre Abhängigkeit nur dann spüren, wenn sie gegen islamische Prinzipien verstoßen. (vgl. Lombard, M., 1971, S. 177 ff.) Wie zum Beispiel das, für den Geldverleih keine Zinsen zu nehmen. Stattdessen verlangen die Ban-

*Abbildung 22: Löwenbrunnen im Löwenhof, Alhambra, Granada*

kiers eine Abgabe in Höhe von zehn Prozent vom Ertrag der investierten Summe, den sogenannten Zehnten. Weil sie vom Gewinn ihrer Kunden profitieren, ermöglichen sie folglich nur zu gern weiteres Wachstum. Geld gegen Zinsen zu verleihen, was der Koran als unmoralisch verurteilt, wird nur von Juden betrieben.

Auch das Kunsthandwerk liegt fest in maurischen Händen. In seiner Anfangszeit stand es noch unter antik-römischem und byzantinischem Einfluss. Nach der Ausbreitung der islamischen Welt auf den Maghreb und die iberische Halbinsel bildet sich im Laufe des elften und zwölften Jahrhunderts der typisch maurische Kunststil heraus.

Architekten, Stuckateure, Wassertechniker und Metallschmiede sind ausnahmslos muslimische Andalusier und

*Abbildung 23: Maurische Bögen. Die Mauren übernahmen den gotischen Hufeisenbogen, entwickelten daraus vielfältige Variationen und setzten ihn als Hauptmerkmal zahlreicher Gebäude ein.*

genießen hohes gesellschaftliches Ansehen. Sogar die Berberfürsten aus Nordafrika fragen ihre Kunst nach. Die Baumeister übernehmen Elemente aus der arabischen Kunst des Vorderen Orients und verknüpfen diese mit Materialien und Motiven aus der landeseigenen Tradition.

Besonders augenfällig wird dies in der Architektur. Säulen, Kuppeln und Innenhöfe stammen vornehmlich aus der antiken Baukunst, die die Araber im Zuge ihrer Eroberungs- und Beutezüge kennenlernten und adaptierten. Auch die meisten oft zu endlos wirkenden Mustern vereinten Dekorelemente wie Flechtbänder, Rauten, Sechsecke und Sterne sind in der spätantiken Kunst bereits vorgebildet, werden aber von den maurischen Kunsthandwerkern zu wahren Meisterwerken weiterentwickelt.

Typische Materialien der maurischen Architektur sind Ziegelsteine für die tragende Struktur, Fliesenmosaike, Stuck

*Abbildung 24: Generalife, Alhambra*

und Zedernholz als Verblendung und grünglasierte Dachziegel. Zu Beginn sind diese den Moscheen vorbehalten, werden später aber auch für Paläste und Mausoleen verwendet. Bearbeitete Steine finden sich jetzt auch bei Säulen und Kapitellen.

Die arabisch-islamische Gartenbaukunst entwickelte sich nach persisch-sasanidischen und jemenitischen Vorbildern, wird aber im maurischen Spanien zur Vollendung gebracht.

## Kulturtechniken aus dem Morgenland als Morgengabe für Andalusien

Dank der Einführung effizienter arabischer Bewässerungs- und Kanalbautechniken wie Fluss-Stauwerke, der „Noria" – eine strömungsgetriebene Wasserrad-Hebeeinrichtung, mit der Wasser aus den Flüssen in die höher gelegenen Städte geschafft werden konnte –, und dem „Kanat" – eine Stollenbautechnik zur unterirdischen Wassergewinnung (vgl. Wördemann, F., 1985, S. 93 ff.) – machen die Bauern Andalusien zu einer reichen Kornkammer. Dank des ununterbrochenen Zustroms an Wasser selbst in hochgelegene Städte können von Arabern angelernte Landschaftsarchitekten kunstvoll entworfene Gärten anlegen mit Teichen, Bassins und Springbrunnen, deren stetiges Plätschern ebenso vom Wohlstand wie vom Schönheitssinn der Hausherren kündet.

## Friedliche Koexistenz zwischen Arabern, Christen und Juden

Während die Anhänger des Islams in Moscheen und vor Gebetsnischen zu Allah beten, lauschen die Mitglieder der christlichen und jüdischen Gemeinden in Kirchen und Synagogen den Predigten ihrer Gott geweihten Priester. Sie unterstehen einer eigenen Gerichtsbarkeit, doch in wichtigen Dingen müssen ihre Repräsentanten beim Kalif vorsprechen, um dessen Entscheidung zu erbitten. Die aus Sicht der Moslems Ungläubigen dürfen keine neuen Kirchen bauen, nicht auf Pferden reiten und keine Waffen tragen. Auch spezielle Kleidungsvorschriften und andere Regeln sollen ihren niederen Rang gegenüber den Muslimen kenntlich machen. „Ein Muslim darf einen Juden nicht massieren, auch nicht einen Christen. Er darf nicht ihren Abfall beseitigen und nicht ihre Latrine reinigen; es ist angemessen, dass Juden und Christen dieses Gewerbe ausüben, denn es ist das Gewerbe der am meisten Verachteten." (Gomez, E. G., Levi-Provençal, E., 1981, S. 344)

Rechtlich betrachtet sind die Dhimmis, so bezeichnet die islamische Rechtstradition die Monotheisten christlichen und mosaischen Glaubens, Bürger zweiter Klasse. Doch im Vergleich zu Andersgläubigen in den damaligen christlichen Gebieten genießen sie einen deutlich höheren Status. Auch deshalb finden die in Iberien hauptsächlich vertretenen Ethnien der Araber, der (westgotischen) Europäer, der Juden und der nordafrikanischen Berber in vergleichsweiser kurzer Zeit den Weg zu einer besonderen, friedlichen Koexistenz.

### Wie die Berber aus Nordafrika und auch die Sklaven integriert werden

Die Regierung unter Abd ar-Rahman I und die Vielzahl der ihn begleitenden und ihm folgenden Levantiner festigen die überlegene Stellung der Muslime. Da sie den Christen und den Juden im Alltag großzügig bemessene Freiheiten lassen, werden sie nur hin und wieder von ungestümen Berbern angegriffen, die aus dem heutigen Marokko und Algerien über die kurze Straße von Gibraltar übersetzen. Die Berber trotzen dem Emir und seinen Landsleuten und treten den Alteingesessenen gegenüber räuberisch auf. Nur allmählich werden sie sesshaft und verlegen sich auf Ackerbau und Viehzucht. Scharmützel zwischen den verschiedenen Gruppen gibt es jedoch immer wieder. „Mit innerem Zusammenhalt und einem starken Unabhängigkeitswillen ausgestattet, sollte es einige Zeit dauern, bis sie sich assimiliert hatten. Auch stellen sie das am schwierigsten zu beherrschende Bevölkerungselement dar." (Clot, A., 2002, S. 50)

Die dritte Gruppe neben den „Neulingen" Araber und Berber stellen die Spanier, das heißt Christen, Juden und alle nicht-muslimischen Menschen, die vor den Arabern auf die Halbinsel gekommen waren. Sie, die einst die Herren im Süden waren, müssen sich jetzt mit den Eindringlingen arrangieren. Das tun sie dank ihres wirtschaftlichen Vorankommens recht gelassen. In den Städten sind die Mozaraber, also die an ihrer Religion festhaltenden Christen und Juden, in ihren eigenen Gemeinden organisiert. Sie sind gegenüber der arabisch-stämmigen Obrigkeit nach Maßgabe der mit ihnen abgeschlossenen Verträge tribut- und rechenschaftspflichtig. „Einige behielten ihr gesamtes Vermögen, nicht aber das Eigentum über die Kirche und ihre Ausstattung, (…). Wie in allen vom Islam eroberten Ländern mussten die Christen auch eine Kopfsteuer (…) zahlen. Die Steuern richteten sich nach dem Vermögen: 48 Dirham für die Reichen, 24 für die Mittelschichten 12 für die Handarbeiter. Frauen, Kinder Kranke und Sklaven waren davon ausgenommen." (Clot, A., 2002, S. 51) Christen und Juden, die zum Islam übertreten, werden von der Kopfsteuer befreit. Für die Muslime bedeutet das trotz des Anwerbegebots des Korans einen finanziellen Verlust. Sie üben daher nur sehr unlustig Druck auf die Andersgläubigen aus, sich dem Islam anzuschließen.

Abd ar-Rahman I beendet weder die Sklaverei noch den vor allem von Juden betriebenen Sklavenhandel, aber er begrenzte deren Auswüchse. Leibeigene, die sich zum Islam bekennen, werden sofort freigelassen. Die anderen erhalten nach einigen Jahren Zwangsarbeit ihre Freiheit. So verlangt es der Koran, der die Versklavung von Gläubigen als Sünde brandmarkt. Ihre Freilassung hingegen ebnet dem gläubigen Moslem den Weg ins Himmelreich.

### Ex oriente lux: Tout le monde blickt nach Bagdad

Im ersten Jahrhundert nach der Eroberung hört die Elite nach und nach immer weniger auf die sich abschwächenden Signale aus Damaskus. Stattdessen richtet sich der Blick nach Bagdad. Die Stadt wurde 762 als Madinat as-Salam („Stadt des Friedens") von dem Abbasiden al-Mansur als Hauptstadt des Kalifats gegründet. Unter Harun al-Rashid entwickelt sich die Stadt am Mittellauf des Tigris zu einer

Kulturmetropole der Welt. Von Kaufleuten und Reisenden hören die maurischen Herren von der überbordenden Stimmung in der islamischen Kapitale, vom Glanz der Stadt, von ihrem mondänen Lebensstil und nicht zuletzt von ihrer Anziehungskraft auf Geistesgrößen aus aller Welt. Was in Bagdad modern ist, wird auch im knapp 6000 Kilometer entfernten Sevilla und Córdoba zum Stadtgespräch.

In der Regierungszeit von Abd ar-Rahman III ist Córdoba mit schätzungsweise einer halben Million Einwohnern, manche Autoren sprechen sogar von doppelt so vielen, eine der größten und reichsten Städte der Welt. Das Zentrum der Stadt bildet die ummauerte *Madina* oder *Kasaba*. „Sie hatte die Form eines Parallelogramms, dessen 800 Meter lange Basis sich an den Guadalquivir anlehnte. Eine große Straße durchzog die Madina von Nord nach Süd, wo der Weg nach az Zahra abzweigte, und führte zum Viertel der Mozaraber und zu den Vorstädten, die nach Errichtung von az Zahra entstanden waren." So beschreibt der französische Historiker und Publizist André Clot das Córdoba der ersten Jahrtausendwende. Im Osten der Stadt liegen die von prachtvollen Gärten eingerahmten Villen der Oberschicht. Innerhalb der Stadtmauern liegt das Judenviertel mit Sklavenhändlern und Handwerkern. Im Westen der großen Moschee breiten sich bis zur Ummauerung die Souks aus. Hierher streben Tag für Tag die Dienstboten, um für ihre Häuser einzukaufen und um ein Schwätzchen zu halten.

In Córdoba wie in Granada und Sevilla trägt die vornehme Gesellschaft die Haare nicht mehr auf Westgotenart lang und in der Mitte gescheitelt, sondern wie im Osten kurz geschnitten. Der Bart wird gestutzt, die Fingernägel gesäubert, die Haut eingecremt, so wie es in Bagdad Brauch ist. Händler lassen die urwüchsigen Europäer Bekanntschaft schließen mit exotischen Duftstoffen, bisher unbekannten Gewürzen wie Zimt, Safran, Koriander, Ingwer, Muskat und Nelken sowie Gemüsen wie grünem Spargel. Also parfümiert man sich auch in der arabischen Enklave auf orientalische Art, verfeinert die Zubereitung der Speisen und kultiviert den Genuss. Geschirr und Tischgerät aus prunkvollem Gold und Silber werden zugunsten von Bechern aus Kristall verbannt. Die Patisserie stürmt zu immer neuen Gipfeln, Nasch- und Zuckerwerk werden immer raffinierter. Auch bei Spiel und Sport orientieren sich die mächtigen Höflinge an der orientalischen Lebensart. So findet zum Beispiel das aus Persien importierte Schachspiel viele Freunde.

Ein Abglanz dessen dringt auch zu den Handwerkern in den schmalen Gassen der Städte und zu den Bauern auf dem Land. Materiell geht es ihnen unter den Mauren erheblich besser als zuvor. Dennoch ist ihr Tagewerk von harter Arbeit, der Sorge um ihre Familie und die Erziehung ihrer Nachkommen bestimmt. Den von den Aristokraten gepflegte Moden folgen sie nur in dem Maße, in dem es ihnen ihr Besitz gestattet. Doch sie leiden keine Not. Unter den Ägiden von Abd ar-Rahman III und Al-Hakam II ist Andalusien das reichste Land in ganz Europa.

## Die Blütezeit der sephardischen Juden

Die Juden wohnen zum größten Teil in den Städten und sind vorwiegend als Handwerker – besonders in den für die Moslems unliebsamen Tätigkeiten wie Gerberei oder Färberei, als Händler von Leder, Textilien und Schmuck sowie als Auf- und Verkäufer von Sklaven – tätig, wo sie den Markt dominieren. Einige schaffen sogar den Aufstieg in öffentliche Ämter. Diese geachtete Rolle haben aber nur wenige und noch nicht seit langem inne. Kaum hundert Jahre früher, in der Mitte des siebten Jahrhunderts zur Zeit der Westgoten, hatten sich die Oberen der christlichen Kirche auf mehreren Konzilen für die Deklassierung und Kriminalisierung der Juden ausgesprochen. „Der Besitz, ja schon die Lektüre jüdischer Schriften war verboten und wurde streng geahndet. Beschneidung, Heiligung des Sabbat, das Zurückweisen von Schweinefleisch – all das war lebensgefährlich geworden." (Bossong, G., 2008, S. 20)

Umso glücklicher sind viele Anhänger des mosaischen Glaubens, als sich die Eindringlinge aus dem Morgenland anschicken, auf Dauer in Spanien zu bleiben. Ihre Hoffnung auf freie Religionsausübung und weniger Repressalien seitens der Obrigkeit und der Bevölkerung trügen sie nicht. „Zwischen dem 8. und 10. Jahrhundert bildete sich in Spanien eine neue, eine sephardische Identität heraus", notiert Georg Bossong (2008, S. 21). „Vertriebene kamen wieder, Zwangsgetaufte kehrten zum Glauben ihrer Väter zurück." Unter Abd ar-Rahman III und seinem Sohn Al-Hakam II erlebt Spanien eine friedvolle Periode, und die maurischen Araber und das Judentum wachsen gemeinsam zur Hochblüte empor. Insbesondere in Córdoba verschmelzen jüdische und arabische Kultur und Wissenschaft auf einem historischen Höhepunkt. (Vgl. Brentjes, B., 1989, S. 179 ff.)

Etwas, das ganz entscheidend dazu beiträgt, ist die Juden und Mauren gleichermaßen innewohnende Sehnsucht nach Emanzipation von ihren religiösen Zentren im Osten. So, wie sich Abd ar-Rahman III von den in Bagdad tonangebenden Abbasiden zu lösen sucht, trachten auch die jüdischen Gemeinden nach Eigenständigkeit von den orthodoxen Talmud-Schulen. Trotzig beleben die von Hause aus arabisch sprechenden Juden die Sprache des Alten Testamentes neu. Das Hebräische verlässt das „religiöse Ghetto" (Bossong) und hält Einzug in die Dichtung und in die Alltagssprache.

Das goldene Zeitalter der sephardischen Juden in Spanien und Portugal erstreckt sich bis weit in das 11. Jahrhundert, bis in die Zeit der Taifa-Reiche und teilweise auch noch darüber hinaus. Kunst und Kultur stehen an den lokalen Fürstenhöfen in hoher Gunst, ebenso deren arabische und jüdische Vermittler in Toledo, Córdoba, Málaga und Granada. Am südlichen Ende des Kontinents leben und wirken großartige Dichter wie Dunash ben Labrat (920 bis 990) und Salomo Ibn Gabirol (1020 bis 1057) sowie begnadete Mediziner wie Chasda Ibn Shaprut (915 bis 970) und Mosche ben Maimon, besser bekannt als Maimonides von Córdoba (1135 oder 1138 bis 1204). Erst die Vernichtung der Taifa-Königreiche und die Zerstörung Granadas durch die Almoraviden im Jahr 1090 beenden das harmonische Zusammenleben von Muslimen und Juden. Viele Jünger Moses werden des Landes verwiesen, die Gemeinden mit Zwang aufgelöst. Einige, besonders die im ganzen Land angesehenen jüdischen Ärzte, flüchten in den christlichen Norden. Sie werden an Königs- und Fürstenhöfen mit offenen Armen in Empfang genommen.

## Genius der arabischen Mauren

Nicht nur die Juden haben hervorragende Dichter und Ärzte in ihren Reihen. Auch die arabischen Künstler und Wissenschaftler werden im Land und weit über die Grenzen gelobt. Gemeinsam ist den arabischen, christlichen und jüdischen Geistesgrößen die Offenheit des Denkens und die Offenheit für den Dialog mit den Kollegen. Das ist wohl das herausragendste Merkmal der andalusischen Intellektuellen: Anders als vielen ihrer Nachfolger in der späteren Renaissance ging es ihnen primär um die rationale Erkenntnis, nicht aber um eine Legitimierung der göttlichen Macht.

Zu nennen ist zum Beispiel der bedeutsame Literat und Poet Ibn Abd Rabbih (860 bis 940) und dessen Anthologie Al-Iqd al-Farid („Das einzigartige Halsband"). Jedes der 25 Kapitel des Buches ist nach einem Juwel benannt und greift eine arabische Dichtung auf. Oder Abbas Ibn Firnas (810 bis 887 oder 888), ein genialer Wortkünstler,

Abbildung 25: *Flugmaschine des genialen Erfinders und Universalgelehrten Abbas Ibn Firnas*

aber auch ein Erfinder vom Schlage eines Michelangelos, der sich für Mathematik, Astronomie und Physik interessiert. Abbas Ibn Firnas soll sich 852 mit seinem ersten Flugapparat, bestehend aus Geierflügeln, vom Minarett der Großen Moschee von Córdoba gestürzt haben. Mit einem verbesserten Gerät soll er 875 einen mehrere hundert Meter langen Flug von einem Hügel bei Córdoba lebendig, jedoch mit gebrochenen Beinen überstanden haben. Das habe ihn, so die Überlieferung, dazu gebracht, über die Notwendigkeit eines Stabilisators am Heck des Flugzeugs nachzudenken. Ein anderer Vertreter des maurischen Wissensdurstes ist Maslama al-Madschriti. Dem in Madrid geborenen Astronom, Mathematiker und Chemiker wird das „Picatrix", ein weit verbreitetes astralmagisches Handbuch des Mittelalters, zugeschrieben. (Siehe dazu auch Kapitel 5.)

## Die christlichen Kirchenführer sehen die fortschreitende Assimilation mit Sorge

Schon unter Abd ar-Rahman II hatten sich viele Christen und Juden zum Islam bekehren lassen. Mit diesem Herrscher beginnt die Orientalisierung Iberiens. Doch unter der Regentschaft von Abd ar-Rahman III strahlt der Islam noch größere Attraktivität aus. Alle gebildeten Menschen in Andalusien sprechen Arabisch, Begabte schreiben arabische Verse, Begüterte unterhalten einen Harem und leben ganz nach der Art der dunkelhäutigen Herren. „Man sagt, Christen, Juden und Konvertiten hätten sich viel zahlreicher in Gemeinden organisiert als anderswo in der islamischen Welt, wären auch friedfertiger gewesen, und jeder habe sich zufrieden mit seinem Schicksal gezeigt und habe es nicht ändern wollen." (Clot, A., 2002, S. 64) Der Erzbischof von Sevilla muss die lateinische Bibel sogar erst ins Arabische übersetzen lassen, damit seine Schäflein sie lesen konnten. Das ärgert ihn gewaltig.

Der Papst und die Kirchenoberen auf der iberischen Halbinsel betrachten die Arabisierung der Christen mit Argusaugen. Doch was soll diese aufhalten? Leben die Menschen gleich welcher Herkunft doch mehrheitlich friedlich zusammen, können sich ernähren und von Jahr zu Jahr auf größeren Wohlstand hoffen. Somit haben sie keinen Anlass, im Schoß der christlichen Kirche zu bleiben oder dorthin zurückzukehren. Dennoch gab es Christen, die ihre Abneigung sowohl gegen die Assimilierung als auch gegen den Übertritt zum Islam in der muslimischen Öffentlichkeit artikulieren. Das jedoch ist ihnen verboten. Im Jahre 850 versammelt sich eine Gruppe von Christen um den córdobesischen Bischof Eulogius. Sie wollen den Propheten Mohammed und den Islam öffentlich verunglimpfen, die Konvertiten dazu bewegen, wieder in den Schoß der Kirche zurückzukehren und sind sich bewusst, dass sie damit ihren Märtyrertod provozieren. Tatsächlich werden fast ein halbes Hundert Christen hingerichtet – auch Eulogius selbst. Doch der Vorfall berührt nicht das Alltagsleben im maurischen Teil Europas. Denn längst hat sich ungeachtet der Konfessionen ein Gemeinschaftsgefühl gebildet, das Mauren, Christen und Juden nicht mehr gegeneinander antreten lässt, sondern in der aufmerksamen Beobachtung der weit entfernten Glaubensvordenker eint.

Was war das für eine Kultur, die architektonische Weltwunder schaffte wie die Alhambra von Granada, die Moschee von Córdoba und die Palaststadt Medinat az-Zahra? Waren die maurischen Eroberer frühe Vorbilder für religiöse und kulturelle Toleranz?

Die Epoche der maurischen Dynastien auf der iberischen Halbinsel ist zu einem Synonym für den moderaten Umgang muslimischer Herrscher mit nicht-muslimischen Untertanen geworden. Das friedliche Zusammenleben von Muslimen, Christen und Juden in al-Andalus war im Mittelalter beispiellos. Neben der religiösen war es auch die kulturelle Toleranz, die Andalusien zum multi-kulturellen Schmelztiegel werden ließ. Dieses unbestritten, diskutieren Historiker etwa seit Mitte des vorangegangenen Jahrhunderts nur noch, ob die maurischen Eroberer Teil der spanischen Identität wurden oder ewig Fremde geblieben seien. Mit seinem Diktum: „Al-Andalus war eine einzige Kultur mit drei Religionen: Islam, Judentum und Christentum", heizte Emilio González Ferrín, streitbarer Professor für Arabistik in Sevilla, vor einigen Jahren die Debatte an. (Ferrín, E., 2006)

### Die Rolle der Frau im maurischen Spanien

Die geistige Stellung der Frau wird an vielen Koranstellen dargelegt. „Wer recht handelt, ob Mann oder Frau, und gläubig ist, dem werden wir gewisslich ein reines Leben gewähren." (Sure 16, Vers 98) Im Gegensatz zu anderen Religionen, in denen früher ausführlich über die Frage diskutiert wurde, ob die Frau eine Seele besitze, und in denen ihr die Verantwortung für die Verfehlung Adams aufgebürdet wird, macht schon der frühe Islam keinen Unterschied zwischen Mann und Frau – jedenfalls, was den geistigen Rang anbelangt. Die moralischen, intellektuellen und spirituellen Anstrengungen der Frau werden auf ebensolche Art und Weise mit Erkenntnis und geistigem Fortschritt belohnt wie die Anstrengungen des Mannes.

Überlegen ist der Mann der Frau im häuslichen Bereich und in der Gesellschaft. Frühen Islamwissenschaftlern zufolge ergibt sich das aus seiner größeren geistigen und körperlichen Stärke. Dem arabischen Gelehrten Abu Ali al-Husain Ibn Abdullah Ibn Sina (latinisiert Avicenna, um 980 bis 1037) zufolge gründet das städtische Leben auf der Festigkeit der Ehe. Der Gesetzgeber müsse deshalb auf die Unauflöslichkeit des ehelichen Zweibundes einwirken; wenn eine Trennung von Seiten des Mannes unabwendbar sei, muss er für den Unterhalt der verlassenen Frau aufkommen und bei der dritten Scheidung einen Ersatz-Ehemann aus der Familie beistellen. Dem Mann allein obliegt es auch, seine Familie zu unterhalten und zu ernähren. Die Frau muss sich um die Familie kümmern, sie darf keine gewinnbringende Beschäftigung ausüben. Es sei erforderlich, verlangt Avicenna, „dass der Gesetzgeber betreffs der Frau die Bestimmung aufstelle, dass sie sich verschleiere und zurückgezogen lebe." (Avicenna, um 1020, S. 88) Nach der Eheschließung – anlässlich derer der Mann zur Zahlung einer Morgengabe an seine Frau, nicht an deren Eltern, verpflichtet ist – muss er sie ernähren, kleiden, ihr eine Wohnung und ein Taschengeld zu ihrer freien Verfügung geben.

Bis zu vier Ehefrauen gestattet der Koran den gläubigen Moslems. Wer es sich leisten kann, unterhält darüber hinaus eine Reihe von Nebenfrauen. Sie zu versorgen und ihre Kinder aufzuziehen, gehört zu den Pflichten eines rechten Moslems, denen dieser mit Freude und Stolz nachkommt. Juden und Christen beschränken sich im Einklang mit ihrer Religion mit einer einzigen Ehefrau. Allerdings gibt es in den maurischen Städten eine Vielzahl von Bordellen. Schwarzhäutige Nordafrikanerinnen, schlank und hochgewachsen, waren als Konkubinen sehr beliebt. „Die am meisten geschätzten Frauen waren indessen die Blonden mit ihren schimmernden Haaren; sie waren als Sklavinnen aus allen Teilen Europas nach al-Andalus gekommen, vornehmlich aus dem Gebiet der Franken und der Oberen Mark im Norden Spaniens. In der andalusischen Gesellschaft spielten sie die gleiche Rolle wie die kaukasischen Tscherkessinnen in den Harems der osmanischen Sultane und Oberen in Istanbul." (Clot, A., 2002, S. 278)

Während die Damen der Oberschicht ihre Tage im Harem mit Schönheitspflege, Musizieren und dem Spiel mit den Kindern ausfüllen, arbeiten die Frauen von christlichen und jüdischen Händlern, Handwerkern und Bauern ebenso wie ihre Männer im Haus und auf dem Hof. Moslemische Frauen verlassen selten und nur verschleiert das Haus. Ihre Hauptaufgaben bestehen im Gebären und Aufziehen von

Kindern und in der Haushaltsführung. Letzteres schließt Handarbeiten sowie die Herstellung von Kleidung ein. Die Beschränkung der Zuständigkeiten der Frau auf diese Lebensbereiche gilt unabhängig davon, ob sie auf dem Land oder in der Stadt wohnte. In vornehmen städtischen Familien wird ihnen jedoch eine höhere Einflussnahme auf die Art der Haushaltsführung zugestanden.

Die nicht im geistigen, aber im alltäglichen Leben untergeordnete Rolle der Frau wird über zahlreiche Rituale zwischen den Ehepartnern zementiert. So erteilt der Ehemann seiner Frau abends Belehrungen, denen sie zu lauschen hat, während sie für sein körperliches und geistiges Wohlergehen sorgt. Erst danach ist es ihr erlaubt, eigene Gedanken oder Sorgen zu äußern oder über die Kinder zu sprechen.

### Der Koran fordert: „Mehr Bildung"

Auf die geistige Heranbildung der Kinder im maurischen Spanien wird seit Abd ar-Rahman II größter Wert gelegt. Einerseits will die wichtigste Schrift, der Koran, von allen Gläubigen gelesen, verstanden und befolgt werden. Andererseits gehören die arabischstämmigen Mauren zu den wenigen Völkern der Welt, die schon vor der Aufklärung der geistigen Bildung einen Wert an sich zumessen. Was unter ganzheitlicher Bildung in Andalusien verstanden wird und wie sie im Gesellschaftsgefüge eingebettet ist, macht das nun folgende Kapitel deutlich.

KAPITEL 5

# Kunst und Kultur im maurischen Spanien
Leuchtturm Europas in Wissenschaften, Philosophie, Medizin

Das Streben nach Wissen ist ein unerbittliches Gebot des Islam. Der Physiker und Nobelpreisträger Professor Abdus Salam, ein Mitglied der islamischen Glaubensgemeinde Ahmadiyya, nimmt darauf in einer viel beachteten Rede im Pariser Haus der Unesco im April 1984 wie folgt Bezug: „The Qur'an emphasises the superiority of the 'alim – the man possessed of knowledge and insight – asking: How can those, not possessing these attributes, ever be equals of those who do? Seven hundred and fifty verses of the Qur'an (almost one-eighth of the Book) exhort believers to study nature, to reflect, to make the best use of reason in their search for the ultimate and to make the acquiring of knowledge and scientific comprehension part of the community's life." (Salam, A., 1984)

Die Herrschaft der Mauren in Spanien liefert einen vorzüglichen Beleg dafür, wie präsent dieses Bildungsgebot um die erste Jahrtausendwende in den moslemischen Gemeinden ist. Hier, im Grenz- und Übergangsgebiet zwischen Christentum und Islam, legen Herrscher und Eliten besonderen Wert auf die Beachtung solcher Suren, die sich nicht nur auf die geistliche Bildung, sondern vor allem auch auf das Wissen über die Welt beziehen: „The Holy Prophets of

Islam emphasised that the quest for knowledge and sciences is obligatory upon every Muslim, man and woman. He enjoined his followers to seek knowledge even if they had to travel to China in its search. Here clearly he had scientific rather than religious knowledge in mind, as well as an emphasis on the internationalism of the scientific quest." (Salam, A., 1984)

### Die Pflicht, den Koran lesen zu können, befördert das Arabische zur Weltsprache der Wissenschaft

Aus dem hohen Stellenwert, den die Bildung im Islam besitzt, folgt zwangsläufig, dass jeder gläubige Moslem in der Lage sein muss, den Koran zu lesen. Das ist im mittelalterlichen Christentum anders, denn hier ist das Lesen und Interpretieren der heiligen Schrift den Geistlichen vorbehalten. Wie wir in unserer Auseinandersetzung mit den Franken gesehen haben, ist es um die Lesekompetenz im Europa des frühen Mittelalters schlecht bestellt. „Der Adel ist weitestgehend illiterat. Die Geistlichkeit ist zwar im Besitz des Bildungsmonopols, aber selbst darin unterversorgt." (Stähli, A., 2015a, S. 109) In Nordeuropa ist nur ein kleiner Bruchteil der Bevölkerung des Lesens und Schreibens mächtig, und selbst Bischöfe und Prediger benötigen oft die Hilfe von geschulten Vorlesern.

Das ist in den arabischen Ländern und vor allem im maurischen Spanien völlig anders. Die Entscheidung, den muslimischen Glauben anzunehmen, setzt zwingend voraus, dass man sich mit seiner Lehre und seinen Grundsätzen beschäftigt hat. Das heißt vor allem, den Koran und die ihn auslegenden und weiterführenden Schriften zu lesen und zu verstehen. Wer nicht über diese Fertigkeiten verfügt, kann kein vollwertiges Mitglied der Glaubensgemeinschaft sein. Es wundert daher nicht, dass das Arabische im frühen Mittelalter zur Universalsprache der Wissenschaft wird. Wie sonst hätten sich Gelehrte aus aller Welt über die wichtigen Fragen der Menschheit mündlich und schriftlich austauschen sollen?

Dieses Propädeutikum steht im gesamten arabischen Raum schon in jungen Jahren auf dem Lehrplan. Die Religionswissenschaftlerin Sigrid Hunke fasst das in ihrem 1960 erschienen Standardwerk „Allahs Sonne über dem Abendland" sehr bildhaft zusammen: „Der islamische Staat hat durchaus ein Interesse daran, dass bei seinen Untertanen die Ochsen nicht kalben. Er macht das Erziehungswesen bald zu seiner Sache. Kinder aller Stände besuchen Elementarschulen gegen ein für alle erschwingliches Entgelt." (Hunke, S., S. 220) Dies gilt umso mehr im fortschrittlichen und freidenkerischen al-Andalus. Hier wird noch nicht einmal ein Schulgeld erhoben, denn die maurischen Herrscher sehen es als ihre Pflicht an, für eine flächendeckende Grundbildung der Bevölkerung zu sorgen. Allein in Córdoba soll es zur Regierungszeit Hakam II 107 öffentliche Schulen geben. 27 davon stiftet der Herrscher selbst, um auch den Armen die Möglichkeit zu geben, Lesen, Schreiben, Rechnen und die Grundlagen des gesellschaftlichen Umgangs zu lernen – alles im Namen des Propheten, der Lese- und Verständniskompetenz als grundlegende Voraussetzung für ein wahrhaftiges Glaubensbekenntnis betrachtet.

## Höhere Bildung zur höheren Ehre Allahs

In allen größeren Städten Andalusiens entstehen darüber hinaus höhere Schulen mit einem sehr anspruchsvollen Bildungsauftrag. Ungefähr so, wie in den heutigen Lycées, Gymnasien oder Colleges lernt die aufstrebende Bildungselite den Koran und die arabischen Traditionen, Grammatik, Philologie, Rhetorik, Literatur, Geschichte, Völkerkunde, Geographie, Logik, Mathematik und Sternenkunde. Wer hier studiert, kann seine gesamte Energie in das Studium investieren und hat am Ende den Gewinn allumfassender Kenntnisse über die geistige und die materielle Welt.

Die oberen Stockwerke der für die Lehranstalten errichteten Gebäude beherbergen ein Internat, in dem die Schüler Unterkunft und freie Verpflegung bekommen. Meist wird sogar ein kleines Taschengeld bezahlt. In den Kellern befinden sich Küchen, Vorratskammern und Bäder. Im Erdgeschoss bilden wohl temperierte Schulräume, eine gut ausgestattete Bibliothek sowie schattige Säulengänge um Gärten mit kühlenden Brunnen eine Atmosphäre, in der sich trefflich diskutieren und studieren lässt.

Die Kombination aus frei zugänglichen Elementarschulen in allen Dörfern und Städten sowie höherer Bildung in den Zentren sichert den gleichmäßig hohen Bildungsstand der arabischen Bevölkerung. Doch damit nicht genug. Mohammed hatte den Gläubigen das Streben nach Wissen und Erkenntnis geradezu als religiöse Pflicht auferlegt. Diese heilige Aufgabe gilt für alle Lebensalter: „Der Prophet selbst hatte seine Anhänger angehalten, ‚von der Wiege bis zum Grabe' nach Wissen zu streben, ganz gleich, wie weit die Suche sie führen würde: ‚Wer sich zur Suche nach Wissen auf die Reise begibt, wandert auf Allahs Weg zum Paradies'". (Al-Khalil, J., 2010) Diese auf die ganzheitliche Formung des Menschen ausgerichtete Grundhaltung lässt nicht nur Kunst und Kultur erblühen, sondern auch all das, was wir heute unter angewandter Wissenschaft verstehen.

## Arabische Wissenschaft gründet auf Beobachtung und Experimente

Die arabischen Wissenschaftler denken weniger in abstrakten, philosophischen und religiösen Begriffen als ihre Vorgänger im antiken Griechenland und ihre Zeitgenossen in den christlichen Klöstern. Sie bedienen sich einer Methodik, die in gewisser Weise unser naturwissenschaftliches Denken vorwegnimmt. Empirische Befunde und Experimente mit wiederholbaren Ergebnissen und überprüfbaren Theorien führen zu enormen Fortschritten in Medizin und Technik. Ausgeklügelte Bewässerung- und Kanalbautechniken entlocken dem andalusischen Boden reiche Ernten. Bergwerke, die jahrhundertelang brach gelegen haben, werden wieder in Betrieb genommen und sorgen für Nachschub an kostbaren Erzen. Technische und mechanische Errungenschaften werden ausgeführt, Importe aus dem Nahen Osten bringen kostbare Tuche und Gewürze ins Land.

Das goldene Zeitalter von al-Andalus ist eine Zeit großen wirtschaftlichen Reichtums. Den Menschen geht es so gut wie sonst nirgendwo in Europa. Córdoba wird zur größten und reichsten Stadt Europas, noch weit vor Konstantinopel. Allein das Tal des Guadalquivir bietet Raum für 12.000 Ortschaften, darunter – wie Edelsteine in einer mehrreihigen Perlenkette – sechs Hauptstädte, achtzig größere Städte und dreihundert mittlere. Als größter und schillerndster Diamant sticht Córdoba hervor. Mit ihren 28 Vorstädten zieht sich die Stadt zur Zeit Abd ar-Rahmans III, also in der Mitte des 10. Jahrhunderts, an den Ufern des Flusses entlang. „Außer den Wohnungen der Wesire und Beamten besaß Córdoba 113.000 Wohnhäuser, 600 Moscheen, 300 Bäder, 50 Hospitäler, 80 öffentliche Schulen, 17 höhere Lehranstalten und Hochschulen (…) und 20 öffentliche Bibliotheken." (Hunke, S., 1960, S. 305) Wirtschaftlicher Reichtum, ein hoher Stellenwert von Wissenschaft und Kultur und die Klugheit der Kalifen lassen Córdoba zum führenden kulturellen Zentrum auf der iberischen Halbinsel und zum Leuchtturm der Wissenschaft in Europa werden. Die Stadt übt höchste Anziehungskraft auf die Gelehrten der Zeit aus.

## Rechtskunde im Einklang mit der Lehre des Korans

Der Höhenflug der Kultur unter den maurischen Herren beginnt schon früh. Einer der ersten Gelehrten, den wir näher kennenlernen, ist der 848 gestorbene Yahya al-Laithi, manchmal auch Yahya Ibn Yahya genannt. Er macht sich besonders auf juristischem Gebiet einen Namen. Als junger Mann reist der bildungshungrige Andalusier nach Medina und studiert dort bei Malik Ibn Anas, der Begründer der nach ihm benannten malikitischen Rechtsschule. Das ist eine der vier juristischen Hauptrichtungen im frühen Islam. Nach Beendigung seines Studiums kehrt Yahya al-Laithi in seine spanische Heimat zurück und wird dort selbst zu einem großen Rechtslehrer. Dank seines politischen Einflusses setzt er das malikitische Verständnis von Gerechtigkeit im Einklang mit dem Koran auch in al-Andalus durch.

Rechtskunde – und damit auch die Frage nach dem richtigen Leben – spielt im andalusischen Denken auch in den folgenden Jahrhunderten eine wichtige Rolle. Maurische Rechtsgelehrte wie Ibn Abd al-Barr und Ibn Hazm al-Andalusi gelten bis heute als bedeutsame Vertreter ihrer Zunft. Kein Wunder, denn gerade hier, an der Schnittstelle der Weltreligionen, müssen Rechtsprechung und Rechtsgrundlagen im Spannungsfeld unterschiedlicher Weltsichten immer wieder neu begründet und interpretiert werden.

## Magie und Mathematik sind für die Araber kein Widerspruch

Dass Wissenschaft und Magie selbst im fortschrittlichen Andalusien oft zwei Seiten derselben Medaille sind, zeigt das Beispiel des Maslama al-Madschriti. Ihm wird ein anonym erschienenes Buch zugeschrieben, das bis ins späte Mittelalter hinein den Glauben an die Magie beeinflusst. Unter dem Titel „Das Ziel des Weisen und die des Vorrangs Würdigere der beiden Künste" wird es zur „Bibel" zahlreicher Hermetiker und okkult-esoterischer Forscher wie Petrus von Abano, Johannes Trithemius, Agrippa von Nettesheim und Johannes Hartlieb. Das in der abendländischen Tradition unter dem Titel „Picatrix" bekannte Werk fasst in einem umfangreichen, allerdings recht ungeordneten Kompendium das damalige Wissen über magische Vorgänge, Talismanglauben, Astrologie und Mystik zusammen. Maslama al-Madschriti selbst ist Astronom und Kaufmann. Er gibt die astronomischen Tafeln von al-Chwarizmi neu heraus, verfasst ein kaufmännisches Rechenbuch, eine Abhandlung über das Astrolabium sowie eine arabische Übersetzung des Planisphaerium von Claudius Ptolemäus.

Nicht nur in Religion und Philosophie nehmen die Mauren großen Einfluss auf die abendländische Geschichte. Sie werden auch die Kenntnisse über die Mathematik nachhaltig voranbringen. Zwar sind die Araber nicht die Erfinder der von uns als „arabisch" bezeichneten Zahlenschrift, aber es gebührt ihnen der Verdienst, deren Nützlichkeit frühzeitig

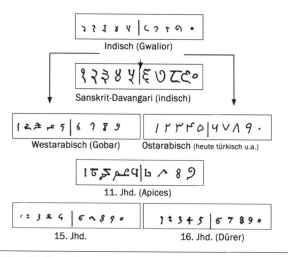

*Abbildung 26: Entwicklung der arabischen Zahlenschrift*

erkannt zu haben. Über den Irak und Persien gelingt das Wissen um diese neuartige Art der Zahlendarstellung in den südlichen Mittelmeerraum. Arabische Mathematiker verbinden die geometrischen Erkenntnisse der alten Griechen mit der Arithmetik der Inder und begründen damit die moderne Mathematik.

Abbas Ibn Firnas, ein Dichter, Erfinder, Physiker und Musiker berberischer Abstammung, bringt die ungewohnten Zeichen nach Andalusien und bahnt ihnen damit den Weg nach Europa. Wie viele arabische Gelehrte ist auch Abbas Ibn Firnas ein unruhiger und umtriebiger Geist. Er erfindet einen Flugapparat (siehe Kapitel 4), eine Wasseruhr und eine Methode zum Schneiden von Bergkristall. Er verbessert die Herstellung farbloser Gläser, stellt Lesesteine als Sehilfen her und konstruiert eine Ringkette, mit der sich die Bewegungen von Sternen und Planeten simulieren lassen.

## Arabische Wissenschaftler prägen das medizinische Wissen der nächsten Jahrhunderte

Ganz besonders in der Medizin hatten die Erkenntnisse und Lehren aus Córdoba großen Einfluss auf den gesamten europäischen Raum. Dies ist besonders Abu l-Qasim Chalaf Ibn al-Abbas az-Zahrawi, dem Hofarzt Al-Hakam II, zu verdanken. Die westliche Literatur kennt ihn auch unter dem Namen Albucasis. Seine 30-bändige medizinischen Enzyklopädie „Kitab at-Tasrif", ein zeitgenössischer Kanon der gesamten Medizin von Chirurgie über Augenheilkunde, Orthopädie, Gynäkologie, Pharmakologie bis hin zur Ernährung, wurde im 12. Jahrhundert von Gerhard von Cremona ins Lateinische übersetzt und illustriert. Für die kommenden 500 Jahre wird es das Standardwerk der Medizin in Europa. Noch der französische Chirurg Jacques Deléchamps (1523 bis 1588) zitiert es häufig und mit großem Respekt.

Abu l-Qasim wirkt ein halbes Jahrhundert lang als Lehrer, Ausbilder und praktizierender Arzt in al-Andalus. Von seinen Schülern fordert er die aufmerksame Beobachtung und individuelle Betrachtung jedes einzelnen Hilfesuchenden.

Abbildung 27: Albucasis (Abu l-Qasim Chalaf Ibn al-Abbas az-Zahrawi) bei der Behandlung eines Patienten.

Gerade diese patientenorientierte Sichtweise und seine Sorge und Fürsorge ermöglichen ihm bahnbrechende Erkenntnisse. Auf ihn gehen die Kocher-Methode zur Behandlung ausgekugelter Schultern und die „Walcher-Lage" in der Geburtshilfe zurück. Er beschreibt das Abbinden von Blutgefäßen und verschiedene zahnärztliche Apparate. Auch die ersten Erkenntnisse über die Erblichkeit genetisch bedingter Krankheiten, wie zum Beispiel der Hämophilie, gehen auf diesen Arzt zurück.

### Meister der Astronomie und Schifffahrtskunst

Die geografischen Vorstellungen islamischer Gelehrter des Mittelalters beruhen auf antiken Ideen, zum Beispiel denen des Plutarch, des Plinius Secundus des Älteren und denen des berühmten Claudius Ptolemäus, der im zweiten nachchristlichen Jahrhundert als Astronom, Geograf und Mathematiker in Alexandria gewirkt hatte. Wie er sehen die Araber die Erde als Zentrum des Universums (Ptolemäisches oder geozentrisches Weltbild), auf der die bekannten Erdteile Europa, Afrika und Asien von einem gewaltigen Ozean umschlossen werden. Auf den dazwischen liegenden kleineren Meeren bringen Küsten- und Hochseefischer ihren Fang ein, und Händler verschiffen Waren bis weit über die Straße von Gibraltar hinaus auf die atlantischen Inseln.

In der Kunst des Schiffbaus und der Navigation bringen es die Araber zur Meisterschaft. Als erste verwenden sie ein dreieckiges Segel, das die Kräfte des Windes optimal auf den Vorantrieb des Schiffskörpers anzuwenden weiß. Seit dem siebten Jahrhundert kennen sie das Astrolab, ein Messgerät zur Winkelmessung am Himmel, um die geografische Breite mit Hilfe der Gestirne zu berechnen. Zahlreiche Begriffe der modernen Marine-Terminologie stammen aus dem Arabischen: Admiral, Anker, Arsenal, Nadir, Zenit. Um 1100 beginnen die Araber, einen chinesischen Kompass zu nutzen und steigern damit noch ihre nautischen Fähigkeiten. Zwischen dem 8. und 12. Jahrhundert befahren sie nicht nur das gesamte Mittelmeer und weite Teile des Schwarzen Meeres, sondern unterhalten auch ein westatlantisches Seehandelsnetz, das von Mittelportugal bis ins südliche Marokko und im Norden bis an den Golf von Biskaya reicht. Portugiesische und spanische Seefahrer nutzen später die Techniken und Erfahrungen arabischer Seefahrer und entwickeln sie fort, zum Beispiel mit dem Bau des Schiffstyps Karavelle.

An dieser Stelle muss der große Geograph, Kartograph und Botaniker Abu Abd Allah Muhammad Ibn Muhammad Ibn Abd Allah Ibn Idris al-Idrisi, kurz: Al-Idrisi, genannt werden. Er wurde um 1100 in Ceuta geboren und starb 1166 auf Sizilien. Al-Idrisi studierte an der Universität von Córdoba und lebte in Sizilien am Hofe des Normannenkönigs Roger II (Stähli, A., 2015, S. 62, 116). Nachhaltigen Ruhm erlangte der reisende Forscher aufgrund seiner geographischen Studien auf der Grundlage der Arbeiten von Claudius Ptolemäus und früher islamischer Gelehrter. Seine Karten behandeln auch Erdteile, die der Christenheit seit der späten Antike nicht mehr zugänglich waren. Als muslimisch-arabischer Bewohner eines Großreiches hatte Al-Idrisi Zugang zu Gebieten wie Westafrika, die arabische Halbinsel, Indien, China und Zentralasien. Seine Weltkarten inspirierten und beeinflussten muslimische Geographen wie Ibn Battuta, Ibn Khaldun und Piri Reis ebenso wie die christlichen Seefahrer Christoph Columbus und Vasco da Gama.

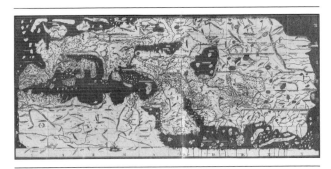

*Abbildung 28: Tabula Rogeriana, von Al-Idrisi erstellte Weltkarte. Um die beeindruckende Genauigkeit der Darstellung wiederzugeben, wurde die Grafik um 180° gedreht.*

## Die andalusischen Philosophen legen die Wurzeln für die mittelalterliche Scholastik

Eine der wichtigsten philosophischen Errungenschaften der Araber ist die Wiederentdeckung und Weiterentwicklung des aristotelischen Denkens. Ein Vorreiter darin ist Ibn Baddscha (Lateinisch: Avempace) aus Saragossa, ein weiterer moslemischer Universalgelehrter, der sich mit Astronomie, Logik, Musik, Philosophie, Physik, Psychologie und Poesie befasst. Er gilt als erster Verfechter aristotelischen Denkens auf der iberischen Halbinsel. Wiederentdecken muss er den griechischen Philosophen dafür nicht, denn dessen Werke sind im gesamten arabischen Raum gut bekannt. Neben seinem philosophischen Wirken widmet sich Ibn Baddja der Astronomie, der Dichtkunst und der Musik.

Richtungweisend für die abendländische Aristoteles-Rezeption und damit für die europäische Scholastik wird

*Abbildung 29: Abu l-Walid Muhammad b. Ahmad b. Muhammad b. Rushd, genannt Averroes*

der 1126 in Córdoba geborene Averroes (Arabisch: Abu l-Walid Muhammad b. Ahmad b. Muhammad b. Rushd, kurz Ibn Rushd). Er bekommt vom Fürsten und späteren Kalifen Abu Yaqub Yusuf I, der selbst als guter Kenner des griechischen Philosophen gilt, den Auftrag, dessen gesamtes Werk neu zu ordnen und zu kommentieren. Damit wird er zum Vordenker der wissenschaftlichen Denkweise und

Methode der Beweisführung, der mittelalterlichen Scholastik. Für deren spätere Vertreter ist Aristoteles „der Philosoph" und Ibn Rushd sein kongenialer Kommentator.

Im Zentrum des Denkens von Ibn Rushd steht die Logik. Für ihn ist sie die einzige Möglichkeit, aus dem sinnlich Wahrnehmbaren Erkenntnisse zu ziehen, folglich das allgemeingültige Gesetz des Denkens und der Wahrheit. Wahrheit und Erkenntnis betrachtet er als höchste Ziele des Menschen, die man sowohl auf dem religiösen wie auf dem philosophischen Weg erreichen kann – je nach den eigenen Geistesgaben. Ibn Rushd ist davon überzeugt, dass die theoretische Annäherung an die Wahrheit durch die geistigen Fähigkeiten des Menschen limitiert sei. Damit stehe sie in Abhängigkeit von der individuellen Ausprägung des Verstands. Die religiöse Annäherung in Form einer Offenbarung sorge jedoch dafür, dass auch schlichte Denker, so sie denn gefestigt im Glauben sind, zu moralisch richtigem Handeln geführt würden. Die apodiktische Annäherung an die Wahrheit und die religiöse Überzeugung stünden also nicht im Widerspruch zueinander, sondern seien nur unterschiedliche Wege zur selben, unverrückbaren Wahrheit.

Neben seiner philosophischen und literarischen Tätigkeit ist Ibn Rushd Jurist und Mediziner. Als Leibarzt steht er Abu Yaqub Yusuf I zur Seite. In seiner Heimatstadt Córdoba wirkt er als Richter. Wie kein anderer vertritt Ibn Rushd das fortwährende Ringen der maurischen Denker um Weisheit und Erkenntnis und das Bemühen, Theologie und

Philosophie zu einem harmonischen Ganzen zu vereinen. „Sein Einfluss war (…) beträchtlich", schreibt André Clot und zitiert den spanischen Arabisten und Historiker Joan Vernet: „Er ist vielleicht der Spanier, der im Denken der Menschen die tiefsten Eindrücke hinterlassen hat." (Clot, A., 2002, S. 212)

Unter seinen Zeitgenossen ist Ibn Rushd nicht unumstritten. Nach dem Tode von Abu Yaqub Yusuf I verbannt der Kalif Yaqub al-Mansur den als hochmütig geltenden Gelehrten 1195 in die Kleinstadt Lucena südlich von Córdoba. Er will sich mit den orthodoxen Kräften im Land gut stellen. Zwar kehrt Ibn Rushd schon wenige Jahre später am Hof von Marrakesch in alte Würden zurück. Sein Werk und seine freidenkerische Weltsicht sorgen aber bis heute in der islamischen Welt für Diskussionen.

### Der Meister des Mystizismus

Dass der nüchterne Denker Ibn Rushd auch eine mystische Seite hat, offenbart sich, als ihm einmal ein junger, sehr begabter Mann vorgestellt wird. Schon im jugendlichen Alter von 15 Jahren wird Ibn al-Arabi gerühmt für seine Intuitionsgabe und für seinen scharfen Verstand. „Der alte Philosoph begann zu zittern, denn er erkannte in ihm den künftigen Meister", notiert Georg Bossong. (2007, S. 101) Für Ibn al-Arabi ist die analytische Herangehensweise im Denken nicht mehr als ein Mittel zum Zweck.

*Abbildung 30: Ibn al-Arabi*

Die eigentliche Erleuchtung beginnt erst dort, wo man das Gebiet der reinen Logik verlässt und sich von Imagination und Intuition tragen lässt. „Nur durch Imagination kann man höhere Erkenntnis erlangen. Gott ist das eine Licht, das sich dem Menschen als der tausendfache Abglanz der Dinge manifestiert." (Bossong, G., 2007, S. 103) Bis heute gilt Ibn al-Arabi, der einen großen Teil seines Lebens als Wanderer zwischen den verschiedenen Teilen der arabischen Welt verbrachte, als einer der Großmeister des Sufismus, der mystischen Strömung des Islam, sowie der andalusischen Dichtkunst. Durch seine feste Überzeugung, dass das Göttliche sich in der Welt und in der Liebe manifestiert, überschreiten seine Texte die Grenzen der Religionen hin zu einer umfassenden Frömmigkeit. „Mein Glaube ist die Liebe – wo die Karawane auch hinziehen mag, ist Liebe meine Religion." (Ibn al-Arabi, zitiert nach Bossong, G., 2007, S. 104)

## In der Dichtkunst offenbart sich die Schönheit der arabischen Sprache

Wir haben gesehen, dass das Arabische um die erste Jahrtausendwende die gemeinsame Sprache von Wissenschaft und Philosophie ist. Der eigentliche Reichtum dieser Sprache erschließt sich aber erst, wenn man die große Dichtkunst betrachtet, die in dieser Zeit entstanden ist. „Ein gutes Gedicht vermochte viel, ja alles in einem Volk, in dem die Dichtkunst zum täglichen Leben und zu allem geselligen Verkehr gehörte fast wie die Sprache selbst, ja eigentlich nur als eine besondere Form der Sprache erschien, die jeder beherrschte und die dem Bauern auf dem Felde wie dem gebildeten Akademiker, der Prinzessin wie der Eselstreiberin natürlich und zwanglos von den Lippen floss." (Hunke, S., 1960, S. 311) Und so kunstvoll, wie ihre Baumeister Pfeiler, Hufeisenbögen und Kapitelle ziselieren, so fügen sie Gedanken und Gefühle in Versen zusammen, Könige wie Philosophen, Mediziner wie Juristen, Techniker wie Prediger. Wer seine Ideen in wohlklingende, stimmungsvolle Bilder und Worte fassen kann, wird von seiner Gemeinde und Zuhörern von Nah und Fern verehrt.

Der literarische Wettstreit wird zum Volkssport, dem sich Regenten ebenso widmen wie einfache Menschen. Wer es in der Dichtkunst durch Intelligenz und Wortgewandtheit zur Meisterschaft bringt, erwirbt Ansehen, Freunde und manchmal auch ein Herz: Als der Kronprinz Muhammad Ibn 'Abbad mit seinem Freund Ibn Ammar als einfacher

Mann verkleidet durch Córdoba schlendert, kräuselt der Wind das Wasser des Guadalquivir. Der Prinz beginnt den Wettkampf: „In einen Ringelpanzer, sieh! verwandelte der Wind das Nass..." Eine schwierige Vorlage, ganz offensichtlich, denn sein Freund, ein geachteter Dichter, sucht noch nach einer passenden Wendung, als neben den beiden die Stimme einer jungen Frau erklingt und den Satz formvollendet fortsetzt: „Wär' es gefroren, o fürwahr! ein schöner Panzer wäre das." Die hier spricht, ist eine junge, bildschöne Sklavin namens Itimad. Der Prinz entbrennt sofort in Liebe, kauft die junge Dichterin frei und macht sie zu seiner Gemahlin. Seinen eigenen Namen verändert er in Al-Motamid, der Entschlossene.

Es gibt zahlreiche Anekdoten und Geschichten aus Andalusien, in denen sich Menschen dank Wortwitz und kunstvoll formulierten Stegreifreimen aus widrigen Lagen befreien. Sogar den strengen Herrscher al-Mansur soll Al-Motamid in späteren Jahren durch kluge und wohl gesetzte Antworten gnädig gestimmt haben – als sich das Schicksal gegen ihn gewendet und aus dem Prinzen einen Gefangenen seines Onkels gemacht hatte (siehe Kapitel 3).

Die andalusischen Dichter bedienen sich der Versformen der klassischen arabischen Lyrik, so wie sie auch an den Höfen im abbasidischen Bagdad und im fatamidischen Kairo gepflegt wird. Doch sie beziehen dabei die sich neu aus dem Vulgärlateinischen entwickelnde spanische Sprache ein. Eine besondere Dichtform ist das sogenannte Gürtelgedicht, *muwashshah*. „Die muwashshah besteht aus einer Reihe von Strophen, im häufigsten Falle fünf, die miteinander durch einen Kehrreim verbunden sind: Die jeweils letzten Verse einer Strophe reimen sich durchgängig, während die vorangehenden Verse einen von Strophe zu Strophe wechselnden Reim aufweisen." (Bossong, G., 2005, S. 24) Den Abschluss eines Gürtelgedichts bildet die sogenannte *chardscha*. Sie ist häufig in einem anderen Idiom gehalten, häufig eben im sehr frühen Spanisch. Damit sind die chardschas die ältesten Zeugnisse dieses Idioms.

Zu den renommiertesten Dichtern des arabischen al-Andalus gehören: Ibn Zaydun, Ibn Hazm (eben jenen, den wir schon als Rechtsgelehrten kennengelernt haben), König Al-Motamid von Sevilla und Ibn Quzman. Auch andalusische Frauen brillieren in der Literatur. Mit Sprachgewandtheit, Schlagfertigkeit und Sinn für Poesie verfassen sie Verse über die Liebe und das Verlangen. Hierbei wird ihnen eine Freizügigkeit zugestanden, die der christlichen Welt dieser Zeit fremd ist. Eine der berühmtesten Dichterinnen ist Hafsa Bint al-Hajj al-Rukuniyya, kurz Hafsa, die sich mit ihrem Geliebten Abu Jaafar, gleichfalls ein Dichter, wunderbare Liebesbriefe in kunstvoll gereimter Sprache schreibt. Frecher und lebenslustiger sind die Verse der Wallada bint al-Mustakfi, einer gleichermaßen für ihre Schönheit wie Spitzzüngigkeit berühmten Kalifentochter aus Córdoba.

## Wie das Wissen in die Welt kommt: Übersetzeraktivitäten von Toledo

Nicht nur der Reichtum, die agrarischen Leistungen und die Baukunst der Mauren faszinieren die christlichen Könige und Gelehrten des Westens. Auch die technischen, philosophischen und literarischen Errungenschaften von al-Andalus üben große Anziehungskraft auf sie aus. Gelehrte aus dem Frankenland, aus Italien und aus den Ländern im Osten Europas pilgern im zwölften Jahrhundert ins inzwischen christliche Toledo, um den dort vorhandenen Schatz an Wissen zu sichten und ihn in ihre Welt zu überführen. Besonders die zahlreichen und sehr gut sortierten Bibliotheken werden zur Pilgerstätte der aufstrebenden und wissensdurstigen Forscher und Lehrer.

Einer derjenigen, die sich auf den Weg in die blühende Hauptstadt machen, um sich die Mehrsprachigkeit der dortigen Gelehrten zunutze zu machen, ist Michael Scotus, ein scholastischer Philosoph, Mediziner, Alchemist und Astrologe aus Schottland. Ihm kommt der Verdienst zu, die Bedeutung der Aristoteles-Übersetzungen und Kommentierungen von Ibn Rushd (Averroes) als erster erkannt zu haben. Dank seiner Übersetzung der richtungsweisenden Texte gelangen Denken und Wirken des großen griechischen Philosophen über al-Andalus nach Italien und an die west-, ost- und nordeuropäischen Universitäten und Klöster.

Gemeinsam mit arabischen, sephardischen und christlichen Weisen diskutieren die angereisten Wissensvermittler über Aristoteles und übertragen die Übersetzung von Ibn Rushd ins Lateinische. Erzbischof Raimund von Toledo unterstützt diese Aktivitäten. Ihm ist es ein besonderes Anliegen, die Werke von Platon und Aristoteles, aber auch genuin arabische Schriften zu Astronomie und Mathematik sowie Schriften über islamische Religion und Theologie für die christliche Welt zugänglich zu machen. 1142 kommt Petrus Venerabilis, Abt von Cluny, nach Toledo und gibt die erste Übersetzung des Korans in Auftrag. Sie wird als Gemeinschaftsprojekt muslimischer, christlicher und jüdischer Gelehrter umgesetzt. „Die Gebildeten Frankreichs und anderer Länder des Westens stürzen sich auf Spanien im Bewusstsein, wie wenig sie von diesen Großwerken wussten, von den Quellen ihrer eigenen Zivilisation. Sie erkennen auch die enorme wissenschaftliche Produktion der Araber in den vergangenen Jahrhunderten und auch die qualifizierten Arbeiten der Gelehrten des 12. Jahrhunderts (Maimonides, Averroes, Albucasis und alle anderen)." (Clot, A., 2002, S. 228)

Auch das Werk und Wirken von Adelard von Bath wird dank der jetzt in lateinischer Sprache vorliegenden Werke von Aristoteles und Platon maßgeblich beeinflusst. Er macht sich besonders als Übersetzer astrologischer und philosophischer Schriften einen Namen. (Vgl. Stähli, A., 2015, S. 117)

## Die selbstbewusste Wissenschaft spricht und schreibt nun Kastilisch

Im 13. Jahrhundert verschiebt sich der Fokus. Im Mittelpunkt steht jetzt nicht mehr das philosophisch-literarische Erbe der Mauren, vielmehr rücken ihre technischen Errungenschaften in den Vordergrund. Die neue Sprache der Wissenschaft ist das inzwischen zur Schriftsprache avancierte Kastilisch – ein Zeichen für das erwachte Selbstbewusstsein der neuen christlich-spanischen Eliten.

In dieser Zeit – die Reconquista ist bereits in voller Fahrt – finden die richtungsweisenden andalusisch-arabischen Werke der Astronomie, Physik, Alchemie und Mathematik den Weg in das christliche Abendland. Auch hier muss dem eigentlichen Übersetzungsprozess ein Erkenntnisprozess vorangehen: Übersetzen kann man schließlich nur das adäquat, was man auch verstanden hat.

Bei den Übersetzeraktivitäten in Toledo und anderswo fand also nicht bloßer Sprachtransfer statt, sondern es ereignete sich das, was ein Kennzeichen der unterschiedlichen Fachbereiche unserer modernen Universitäten ist: Lehre und Studium sowie konstruktive Diskussion über Wissenschaft und Technik, ein sich gegenseitig befruchtender Prozess, denn auch die Besucher aus Wissenschaft und Geistlichkeit bieten in vielen Städten Iberiens Vorlesungen und Disputationen.

Technisch gesehen, vollzieht sich der Sprachtransfer in mehreren Schritten. Zunächst wird das arabische Original von mozarabischen oder jüdischen Gelehrten mündlich ins Kastilische oder Vulgärlateinische übersetzt. Aus dieser Zwischenfassung entsteht die lateinische Endfassung. Immer geht es dabei über die sprachliche Qualität der Textübertragung hinaus und umfasst auch die Auslegung, die sich aus der oft schier endlosen Hin- und Herwendung der Texte ergibt. Am Ende steht ein Dokument voller Weisheit, dessen Inhalt die Welt wieder ein Stück vorangebracht haben wird – geboren in arabischer Erde, doch zum Glanz gebracht auf spanischem Boden.

KAPITEL 6

# Was wir von den Mauren lernen können
Toleranz, Diversität, Großzügigkeit – und lehre den
Nachwuchs alles, was dein Werk braucht, um zu wachsen

Wer in diesen Tagen durch Andalusien reist, trifft auf ein faszinierendes Nebeneinander von in Stein gemeißeltem Alt und Neu. In tausend Jahre alten Moschee-Kathedralen bestaunen junge Menschen aus aller Welt die Schönheit der Architektur, die kunstvolle Ornamentik und das von genialen Baumeistern geschickt inszenierte Spiel von Licht und Farben. In den prachtvollen Gärten der hoch über Granada thronenden Stadtburg Alhambra, aus der Boabdil, der letzte Regent der Mauren, am 2. Januar 1492 zum schmählichen Abzug gezwungen war, fühlt man sich unwillkürlich um Jahrhunderte zurückversetzt – in eine Zeit, da Wohlansehen, Schönheit und Weisheit mehr galten als Beliebtheit, Moden und Besitz. Und in den Städten, wohin man auch schaut, aufmerksame Beobachter, Bildungsreisende und Studierende, die in allen Sprachen und Hautfarben dieser Welt das bis heute lebendige Erbe der maurischen Zeit bewundern.

Doch die Mauren haben uns mehr hinterlassen als das Streben nach Bildung und Wissen. Viel mehr sogar, nämlich noch heute geachtete Werte wie Toleranz, *Diversity,* Großzügigkeit und Vernunft. Von Menschen, Organisationen und Unternehmen, die diese Werte noch heute leben, wird auf den folgenden Seiten die Rede sein – aber auch von solchen, die sich ihnen verweigern und denen sich deshalb auch der Erfolg verweigert.

Aus der vorangegangenen Beschreibung des Lebens und des Wirkens der maurischen Herrscher habe ich die folgenden sechs Thesen abgeleitet:

| | |
|---|---|
| These 1: | Elite braucht Freiheit. Wohlstand braucht Toleranz. |
| These 2: | Die Vielfalt der Kulturen ruft Wohlstand und Blüte hervor. |
| These 3: | Großzügigkeit und Milde setzen dem Sieg die Krone auf. |
| These 4: | Begrenze die Macht und den Einfluss von Führenden, die nicht zum Wohle des Ganzen beitragen. |
| These 5: | Leitkulturen können sich zu Leidkulturen entwickeln. Löse dich, wenn es vernünftig ist, von deiner Herkunft. |
| These 6: | Setze nicht nur auf Erfahrung, sondern auch auf das Wissen der Jungen. Lehre sie alles, was dein Werk braucht, um zu wachsen. |

**These 1:**
**Elite braucht Freiheit. Wohlstand braucht Toleranz**

Im zwölften Jahrhundert regierten im Süden der iberischen Halbinsel almohadische Fürsten, ursprünglich aus Nordafrika stammend. Die andalusische Elite hing dem rechten Glauben an; der Islam war die Religion der herrschenden Häuser. Sicher wollten die Almohaden dem Islam weiter den Boden bereiten. Doch die tolerante Zeit des Kalifats war da schon vorüber. Die Almohaden ließen Christen und Juden die Wahl zwischen Tod, Emigration und Religionswechsel, was viele – Muslime übrigens auch – mit dem Verlassen des Landes quittierten. Im 13. Jahrhundert neigte sich die freiheitliche Zeit dem Ende entgegen. Die friedliche auch: Mit seinen Überfällen auf christliche Gemeinden weckte Kalif Muhammad an-Nasir den Zorn des Papstes. Der ordnete daraufhin Kreuzzüge an. Deren Opfer hießen Freiheit, Wohlstand und Menschenleben.

Inzwischen sollte man aus zahllosen Kriegen gelernt haben, dass die Intoleranz ein Grundübel der menschlichen Gesellschaft ist. Doch bis vor drei, vier Generationen schien diese Erkenntnis in Deutschland, in den Vereinigten Staaten, in Japan und bis heute in Israel und im sogenannten Islamischen Staat (IS) entweder rein akademischer oder illusionärer Natur zu sein. Wenige herausragende Beispiele zeugen von Menschen, die die Botschaft aus der maurischen Zeit verstanden hatten.

Dazu gehört Kurt Landauer. Der Kaufmann war der eigentliche Gründungsvater des modernen FC Bayern München. Ein Profi im besten Sinne des Wortes. Er verkörperte zwischen 1913 und 1951 die Werte, die den besten deutschen Fußballverein der Nachkriegszeit seitdem auszeichnen und die wesentliche Bestandteile einer ungeschriebenen Vereinssatzung sind: Weltoffenheit, Internationalität und Toleranz – vor allem gegenüber anderen Kulturen. Schon früh kickten Niederländer und Engländer in den Reihen der süddeutschen Fußballspieler, die auch „Rothosen" genannt werden.

Landauer eilte der Ruf voraus, ein prinzipientreuer und pragmatischer Mann zu sein, liberal und gleichzeitig zutiefst konservativ. „Wert" war ein von ihm gelebter Begriff. Als rassistisches Denken Mitte der 1920er Jahre auch bei den Bayern immer mehr um sich griff, war dem weltoffenen Geschäftsmann diese kleingeistige Haltung zuwider. Die Nazis sperrten ihn 1938 in Dachau ein, erlaubten ihm jedoch kurze Zeit später die Ausreise. Nach dem Krieg baute Landauer „seinen" FC Bayern wieder zu alter Größe auf. Mit denselben Werten, mit denen er den Verein auch vor der NS-Zeit geführt hatte: mit Weltoffenheit, Internationalität und Toleranz. Damit begründete er die Basis des heutigen Erfolgs von Bayern München als Fußballverein und Unternehmen. Landauer machte sich unter anderem für die Bezahlung der damals noch unter Amateurbedingungen spielenden Fußballer stark, um der Konkurrenz aus Nürnberg, Berlin und vor allem dem ungeliebten Nachbarn

1860 München die Stirn bieten zu können. Mit seiner Professionalität und seinen Werten schuf er die Marke „Bayern München". (Schulze, L. 2013, S. 41)

Mehr als ein halbes Jahrhundert nach dem Tod des 1961 verstorbenen Ehrenpräsidenten ordnet Franz-Rudolf Esch, Professor für Markenmanagement an der European Business School (EBS) für Wirtschaft und Recht in Oestrich-Winkel, die Bedeutung Landauers und seines Erbes aus historisch-ökonomischer Perspektive ein und lobt: „Hinter Verantwortung und Respekt verbirgt sich das Handeln des ehrbaren Kaufmanns: Es geht um seriöses Wirtschaften, die Verantwortung gegenüber anderen sowie die Art des Umgangs miteinander, der geprägt ist von Toleranz, Integration und Fair Play. Der Wert Familie kennzeichnet den Zusammenhalt des Clubs (…) Ich kenne viele Unternehmen, die zwar Markenwerte definiert haben, die aber weder den Mitarbeitern bewusst sind, noch wirklich gelebt und bei der täglichen Arbeit berücksichtigt werden. Der FC Bayern München hebt sich hier deutlich ab." (Esch, F.-R., 2015)

Gemessen an heutigen Kriterien erfüllten auch die Mauren höchste Maßstäbe an Liberalität und Toleranz. Ihre Elite lebte Weltoffenheit wie nur wenige Herrschergeschlechter vor und nach ihnen. Hochgeachtet ist noch heute der das Denken anregende Schmelztiegel der Kulturen im maurischen Córdoba, in Granada, in Sevilla. Was arabische, christliche und jüdische Wissenschaftler mit ihren Reden und Schriften damals für die Welt geleistet haben, ist in starkem Maße dem friedlichen Zusammenleben der Religionen zu verdanken. Der Verdienst dafür gebührt fraglos den maurischen Landesherren in personam Abd ar-Rahman II, Abd ar-Rahman III und Al-Hakam II. Doch um so zu werden, wie sie waren, mussten sie sich zuerst von den Einflusssphären in Damaskus und Bagdad frei machen. Sie taten dies nicht mit Kampf, sondern mit den Mitteln der Politik. Dabei verhalf ihnen der Reichtum ihres Landes zu Selbstbewusstsein und innerer Stärke. Und trotzdem: Abd ar-Rahman II und seine Nachfolger hätten auch anders – engstirnig, eifersüchtig, die Religionen gegeneinander ausspielend – handeln können. Dass sie es nicht taten, verdient noch heute unsere Anerkennung und sollte den Führenden der Moderne zum Vorbild gereichen.

Als geistiger Erbe der maurischen Edlen kann Dölf Früh gelten. Denn auch der Verwaltungspräsident des FC St. Gallen weiß, dass Erfolg nur auf der Basis größtmöglicher Toleranz möglich ist, deren einziger Maßstab Leistung ist und die viel Raum zu eigenverantwortlichem Handeln lässt. Der Satz: „Der Chef weiß und kann alles" käme Früh, der seine Internetfirma für einen dreistelligen Millionenbetrag verkauft und den FC St. Gallen damit vor dem finanziellen Ruin bewahrt hat, niemals über die Lippen. Der 1952 geborene Appenzeller kennt die Stärken seiner Mitarbeiter, betont aber seinen Führungsanspruch, der auf „klare Kompetenzregelungen" setzt: „Wer zahlt, befiehlt." Ebenso wie Landauer betont Früh die konservativen Elemente seiner Managementphilosophie: „Ich pflege einen kooperativen, freundschaftlichen Führungsstil, keine Diktatur. Ich habe mit Menschen zu tun, die ich respektiere und denen ich Verantwortung übertrage und Vertrauen schenke. Nur gemeinsam sind Erfolge und Ziele erreichbar. Letztlich stehe ich aber in der Verantwortung und muss mich entscheiden und durchsetzen." (Neue Zürcher Zeitung, 2013)

Der Erfolg beim lange Zeit chaotisch geführten Verein ließ nicht auf sich warten. Unter Frühs Leitung katapultierte sich die Mannschaft von der zweiten Liga auf Spitzenplätze in der schweizerischen Eliteklasse. Bei einer Umfrage der Zürcher Hochschule für Angewandte Wissenschaften unter 3000 Fußballfans über die Zufriedenheit mit ihrem Lieblingsklub landete der FC St. Gallen hinter Abonnement-Meister Basel auf Platz zwei. Ausschlaggebendes Kriterium für die St. Gallener Anhänger: die vorbildliche Vereinsführung von Dölf Früh. (Compagno, S.; Tedesco, E., 2015)

Toleranz im Sinne Landauers und Frühs bedeutet nicht bedingungsloses Gewährenlassen, sondern größtmögliche persönliche Freiheit unter fachlicher Kontrolle. Der Wirtschaftspsychologe Felix Brodbeck gibt dafür ein praktisches Beispiel: „Einen sehr jungen Mitarbeiter sollte ich eher unterstützen und nach seinem Urteil fragen, ihm aber nicht die große Entscheidungsgewalt überlassen, weil ihm dafür Kompetenz und Erfahrung fehlen." In einer Studie zu gesellschaftskulturellen Wertetrends kamen Brodbeck und sein Forscherteam zu der Erkenntnis, dass „Führungspersönlichkeiten mit hoher sozialer Kompetenz gefragt sind, diese sollen motivieren, teamfähig, einfühlsam, tolerant, offen und fair sein." Wer intolerant agiere und keine Diskussionen zulasse, müsse sich auf wirtschaftliche Rückschläge gefasst machen: „Der Chef braucht das Vertrauen der Mitarbeiter, um die Firma voranzubringen. Wenn die Mitarbeiter nicht mehr ihr Bestes geben – und dazu gehören auch heftige Kontroversen –, sondern dem Chef nur nach dem Maul reden, um den Job nicht zu verlieren, hat die Firma auch bald ein Problem." (Dostert, E., 2010)

In vielen Unternehmen wird das inzwischen bejaht, sie werben mit ihren hohen Toleranzwerten. „Unser durch Offenheit, Toleranz und Integrität geprägtes Arbeitsklima fördert die Leistungsfähigkeit eines jeden Mitarbeiters. Stärken Sie unsere Innovationskraft durch die Akzeptanz dieser Werte", wirbt der Hausgerätehersteller Bosch gleichzeitig für sich wie für gleich denkende Mitarbeiter. Für Felix Brodbeck ist das ein positiver Trend, dem immer mehr Unternehmen folgen. Parallel zu den neuen Firmenselbstdarstellungen habe sich das Anforderungsprofil an die gesuchten Mitarbeiter geändert: Soziale Werte stünden in fast jeder Stellenausschreibung an vorderster Stelle. Toleranz gehört heute zu den Muss-Kriterien, wörtlich oder in Begriffe gekleidet wie Weltoffenheit und Einfühlungsvermögen. Oder – und das wohl am häufigsten – als Teamgeist.

Zwar ist die Studie von Professor Brodbeck inzwischen in die Jahre gekommen. Die anhaltende Diskussion über die Offenheit und Toleranz deutschsprachiger Manager zeigt jedoch, dass es gar nicht genug Argumente, gute Beispiele und Vorbilder geben kann, um aus richtigen Worten richtige Taten werden zu lassen. Peter Fankhauser, Chef des Reiseunternehmens Thomas Cook, behauptet, die Globalisierung habe „in den vergangenen zehn Jahren beim gesamten Management zu größerer interkultureller Toleranz geführt." (Schmidt, K., 2015) Das lässt an die maurischen Toleranzbegründer denken. Doch eine Studie der German Graduate School of Management and Law (GGS) in Heilbronn kommt zu dem ernüchternden Ergebnis, dass Spitzenmanager 40 Prozent ihrer Arbeitszeit damit verbringen, ihre aktuelle Position abzusichern und nach oben auszubauen. Christian Mai, Studienverantwortlicher bei der GGS, resümiert: „Mit ihrer gering ausgeprägten Team-Komponente und ihrer emotionalen Stabilität weichen die Top-Manager sehr stark von der Durchschnittsbevölkerung im gleichen Alter und mit demselben Geschlecht ab." Offenheit für Erfahrungen zähle nicht zu den Stärken der Wirtschaftsbosse. (GGS, 2015) Wie aber soll jemand, der aus eigenen und fremden Erfahrungen keinen Lerngewinn ableitet, die Zukunft gestalten können?

Für den amerikanischen Wirtschaftswissenschaftler Richard Florida ist diese Frage keineswegs trivial, sondern absolut erfolgsentscheidend. Toleranz nimmt in seinen Forschungen eine Schlüsselrolle für Innovation, Kreativität und Gewinn ein: „The key to understanding the new economic geography of creativity and its effects on economic outcomes lies in what I call the 3T's of economic development: Technology, Talent and Tolerance." (Florida, R., 2012, S. 249)

> „Leben und leben lassen" – dieses Diktum passt perfekt zu einer ganzen Reihe von arabischstämmigen Herrschern. Für das Mittelalter, in dem der Glaube weithin über die Vernunft regierte, waren manche von ihnen bemerkenswert liberal – auch wenn es ihnen vor allem darum ging, den Wohlstand ihres Landes zu mehren. Aber just mit dieser ihrer Geisteshaltung gelang es ihnen! Ihre Toleranz bewahrte die Mauren jener Epochen davor, sich in Religions- und Bürgerkriegen zu zerreiben. Und die Folge? Das Land wurde und blieb reich, und schuf wissenschaftliche und künstlerische Leistungen, die noch heute bewundert werden.

These 2:
Die Vielfalt der Kulturen ruft Wohlstand und Blüte hervor

Unter Abd ar-Rahman II, vor allem aber unter Abd ar-Rahman III und dessen Sohn und Nachfolger Hakam II stieg die Vielvölkerstadt Córdoba zur obersten Kulturmetropole Europas auf, vor Paris, Bologna und Konstantinopel, dem vormaligen Byzanz. Die Bibliothek des Kalifen genoss den besten Ruf in der damals erschlossenen Welt und zog Wissenschaftler von weither an. Unter den vergleichsweise liberalen maurischen Kalifen gewann und bewahrte al-Andalus politische Stabilität, ein bis ins Kleinste geordnete Staatswesen und als Folge von beidem Wohlstand, der auch der Masse der Bevölkerung zugutekam. Mit dem Reichtum des Landes kam allgemeine Zufriedenheit mit den Lebensumständen auf. Wer sich nicht übermäßig um sein tägliches Brot sorgen muss, kann sich den schönen Dingen des Lebens wie Musik, Dichtung und Architektur hingeben, kann seiner Neugier und seinem Entdeckerdrang frönen und sich in philosophischen Gedanken mit der Zukunft beschäftigen. Und als Folge des organisiert-friedlichen Zusammenlebens der Kulturen gingen rassistische, völkische und religiöse Konflikte auf das jeder multikulturellen Gesellschaft innewohnende Grundpotential zurück. Unter dem weisen Abd ar-Rahman III wurde al-Andalus tatsächlich zum Paradies auf Erden, in dem jede Art ihren Platz hatte.

Wir machen einen Zeitsprung – hinein in die Gegenwart, deren Schlagwort seit ein, zwei Generationen „Globalisierung" lautet. Die Gesellschaft in Städten und auf dem Land wird zusehends bunter, internationaler, aber nicht Babelgleich, denn man versteht einander, sei es in der Weltsprache Englisch oder rudimentär in der Sprache der Region oder notfalls mit Händen und Füßen. In der Schule, beim Sport, an der Universität, im Restaurant oder im Foyer des Theaters schwirren die Sprachen umher, ebenso wie im Córdoba und Granada zu Zeiten von Abd ar-Rahman III.

Einen Unterschied gibt es freilich: Die meisten Menschen lernen sich unabhängig von ihrer Herkunft am Arbeitsplatz kennen und schätzen. Insbesondere global vernetzte Unternehmen haben eine Vorreiterrolle, wenn es um die Überwindung der kulturellen Berührungsangst geht. Die aber steckt vielen Menschen noch in den Köpfen. „Der Weg zu einer gelebten Willkommenskultur ist noch sehr weit", meint Klaus J. Bade, Politikberater und ehemaliger Vorsitzender des Sachverständigenrates deutscher Stiftungen für Integration und Migration (SVR). „Freundliche Begrüßungsrituale reichen nicht aus. Das Innenleben im Haus muss stimmen." Das bedeutet: Nicht nur die Arbeitgeber sollen aus nachvollziehbaren ökonomischen Motiven im Kampf gegen Fachkräftemangel und demografischen Wandel Vielfalt oder modisch *Diversity* einfordern, sondern die ganze Gesellschaft muss überzeugt sein, dass Zuwanderung nicht nur eine wirtschaftliche, sondern auch eine kulturelle Bereicherung ist.

Auf dem Weg dorthin spielt die Wirtschaft eine überragende Rolle. Sie weiß es, und sie schmückt sich gern mit ihren Erfolgen. Große Firmen haben längst Diversity-Manager, haben Konzepte ausgearbeitet und führen Workshops durch, um ihre Mitarbeiter von der Sinnhaftigkeit der menschlichen Vielfalt im Unternehmen zu überzeugen. Diversity „muss ein selbstverständlicher Bestandteil unserer weltweiten Unternehmenskultur werden und Siemens damit global als bevorzugten Arbeitgeber positionieren", beschreibt etwa der Münchner Elektrokonzern die Marketing- und Rekrutingsvorteile bunter Belegschaften. Die Deutsche Bank ließ ihre Mitarbeiter bei einem Volkslauf in T-Shirts mit dem Schriftzug „We love diversity" an den Start gehen. Mit Bekenntnissen fängt es an. Doch bis kulturelle Vielfalt tatsächlich gelebt wird, vergehen Jahre, manchmal Generationen.

Man muss kein Zukunftsforscher wie Matthias Horx sein, um sich seiner These anzuschließen, die Reinhard Kowalewsky (2015) so beschreibt: „Die Magneten sind dort, wo sich Ideen ballen, Komplexität entwickelt, wo Vielfalt herrscht, und zwar nicht nur geduldet, sondern gewollt. Allegorisch: Wo man das Fremde nicht nur nicht ablehnt, sondern geradezu sucht. Und wo man ein wenig Chaos aushält, ja sogar begrüßt." Auch der Däne Kasper Rorsted weiß, was „Chaos" heißt und welch dicke Bretter es bei der Umsetzung von Diversity im Konzern zu bohren gilt. Im August 2016 wird der langjährige Vorstandsvorsitzende des Waschmittelkonzerns Henkel zum Sportartikelunternehmen Adidas wechseln und zwei Monate später dort den obersten Chefposten übernehmen. Dann kann der als glühender Anhänger der Vielfalt bekannte Manager zeigen, dass er um die strategischen Vorteile weiß, die Unternehmen im harten internationalen Wettbewerb bestehen lassen.

Zwar setzt Henkel an seinen ausländischen Standorten vorzugsweise Führungskräfte aus der jeweiligen Region auf Schlüsselposten, vertraut aber gleichzeitig auf die Strategie, weltweit die besten Köpfe für zentrale und fachlich sensible Aufgaben zu gewinnen. Und die kommen nicht immer aus dem Land, an dem sich der Düsseldorfer Konzern niedergelassen hat. Das führt zwangsläufig zu kulturellen Disharmonien. Ein Beispiel: „Nordeuropäer pflegen im allgemeinen eine direktere Sprache und gehen mit Lob sparsamer um, während amerikanische Kolleginnen und Kollegen sich tendenziell euphemistischer ausdrücken", erläutert Thomas Müller-Kirschbaum, im Henkel-Unternehmensbereich Wasch- und Reinigungsmittel verantwortlich für die weltweite Produkt- und Technologieentwicklung, Supply Chain und Produktion. Seine ursprüngliche Hoffnung, dass sich nach der Übernahme eines amerikanischen Unternehmens im intensiven und alltäglichen Austausch Vorurteile abbauen ließen, erfüllte sich nicht. Im Gegenteil: Sie verschärften sich. Der Konsumgüterkonzern setzt deshalb auf interne Kampagnen und Aktionen, um die Mitarbeiter nachhaltig vom Nutzen der Diversity zu überzeugen – bis irgendwann entsprechende Managementinstrumente überflüssig werden.

Ausgehend von der Wahrscheinlichkeit, dass die Bereitschaft, Diversity zu leben, in den Unternehmen ähnlich hoch ist wie in den jeweiligen Gesellschaften, schneiden Skandinavien, Kanada, Australien und die Schweiz laut einer Studie der Bertelsmann Stiftung besonders gut ab. Warum? Weil diese Länder eine hohe Einwandererquote haben. Die Studie widerlegt also die Befürchtung, dass starke Zuwanderung das innere Gefüge einer Gesellschaft gefährdet. In Rumänien und Bulgarien, wo der Migrantenanteil weit niedriger ist, sind auch die Toleranzwerte schwächer. (Dragolov, G. et.al., 2013, S. 28 ff.)

Diversity gelingt nicht über Nacht. Auch der Sieg der Vielfalt der Ethnien, Religionen und Nationalitäten unter maurischer Flagge war ein Projekt, das Jahrhunderte währte. Langsam aber stetig wuchs zusammen, was ursprünglich nicht zusammengehörte, sich aber in der Melange als überaus fruchtbar und überlegen erwies.

Bei ihrer Ankunft in al-Andalus trafen die ersten Araber auf ein politisch zerrissenes und kulturell rückständiges Land, mit Iberern, Kelten, Westgoten, Hispano-Romanen und Juden. Sie hatten keine gemeinsame Identität. Vielmehr lebten die Völker und Stämme mehr oder weniger nebeneinander her, vereint höchstens in der Ablehnung der Fürsten, unter deren Knechtschaft alle Besitzlosen litten.

Als moderne, soziologisch aufgeklärte und strategieerfahrene Menschen wissen wir, dass es in solch einer Situation eines starken und erfolgreichen Anführers bedarf, um die Vielfalt zu einen. Aber wer kam, um zu siegen, war nicht Tarif Abu Zura, der Berber, der sich mit 500 Mann von Afrika aus über das Mittelmeer nach al-Andalus aufgemacht hatte. Auch General Musa Ibn Nusair und seine Männer waren nur die Vorhut, die dem schicksalsergebenen Volk mit respektlosen Raubzügen vor Augen führte, dass es allein in ihrer Hand lag, aus dem geplünderten Land ein Paradies zu schaffen. Musa und nach ihm die stetige Reihe aufeinanderfolgender Statthalter machten den Menschen Iberiens endgültig klar, dass die Eroberer aus dem Morgenland gekommen waren, um zu bleiben – bei den Spaniern zu bleiben, um mit ihnen zu leben und ein Volk zu werden. Die maurischen Fürsten bauten ein organisiertes Staatswesen auf, sie ersonnen eine Steuerpolitik, ja, sie führten auch Kriege. Aber sie kümmerten sich darum, dass der Reichtum des Landes wuchs, und sie ließen jede Bevölkerungsgruppe daran teilhaben. Schon vor Abd ar-Rahman III waren die Einigungsstrukturen angelegt. Doch erst unter seiner Regentschaft verstehen sich die Menschen ungeachtet ihrer Herkunft als *ein* Staatsvolk.

Man sieht: Es lohnt sich, bei der Umsetzung von Konzepten und Idealen hartnäckig zu sein. Der maurische Weg diene den heutigen Entscheidern als Richtschnur, denn es ist eine existenzielle Zukunftsfrage, wie sehr sich Unternehmen dem Thema Vielfalt öffnen. Festungsmentalität und die Ausgrenzung von Minderheiten kann schon heute ein Standortnachteil im globalen Wettbewerb um die kreativen Eliten sein. Die Berater von McKinsey wiesen 2015 nach (Hunt, V. et. al., 2015), dass Unternehmen mit hoher ethnischer Vielfalt in ihren Belegschaften weit über den Erfolgswerten derer liegen, die es mit der Diversity nicht so ernst nehmen. „Companies in the top quartile for racial and ethnic diversity are 35 percent more likely to have financial returns above their respective national industry medians."

Diversity bedeutet aber nicht nur ethnische Vielfalt. Zahlenmäßig unterrepräsentierte Frauen, ältere Arbeitnehmer und Behinderte sind Menschen, die in zeitgemäßen Personalkonzepten stärker berücksichtigt werden müssen. Dabei zeigt sich, dass das, was früher als zukunftsweisend angepriesen wurde, in eine Sackgasse münden kann. Der typische und von den Unternehmen gewünschte IT-Entwickler war jung, männlich und eindimensional auf die Branche fokussiert – ein sogenannter „Nerd". Wie sich zeigte, leidet darunter nicht nur die Kreativität im Team, sondern auch die Ausrichtung auf alternative Käufergruppen. „Es macht einen riesigen Unterschied, ob ich in einer internationalen Bank, im Großhandel oder bei einer mittelständischen Spitzentechnologie-Schmiede Diversity umsetzen möchte", erklärt der Kölner Diversity-Berater Michael Stuber. Ein Diversity-Programm, das in einem Unternehmen die Kultur verändert hat, kann nicht Eins zu Eins von einem anderen kopiert werden: „Je nach Unternehmen muss es einen eigenen Rahmen und eine eigene Sprache geben." (Boße, A., 2015)

Der Mut, bewusst Kandidaten mit außergewöhnlichen Lebensläufen zu suchen und auf diese Weise die Vielfalt voranzutreiben, sei trotz der guten Ansätze in vielen deutschen Unternehmen noch nicht spürbar, so die Bilanz des Personalvermittlers PageGroup Deutschland. Immerhin gaben mehr als 50 Prozent der für eine Studie befragten Unternehmen an, durch Maßnahmen im Diversity-Management eine bessere Teamarbeit und eine stärkere Mitarbeiterbindung erzielt zu haben. 65 Prozent hätten sich bereits mit dem Thema befasst, 45 Prozent haben es institutionalisiert.

Aber braucht man dazu immer aufwendige Konzepte? Blickt man auf die Mauren, so schüttelt man unwillkürlich den Kopf – sie folgten keinem von Wissenschaftlern ausgetüftelten Konzept, ihre Fürsten hörten auf keinen Spin Doctor, und Studien ließen sie schon gar nicht anfertigen. In dieser Tradition steht das Berliner Online-Unternehmen Urbanara, das Heimtextilien und Wohnaccesssoires vertreibt. Es wurde 2013 als „Vielfältigster Arbeitgeber Deutschlands" prämiert, und dafür fand Gründer Benjamin Esser eine ebenso simple wie erstaunliche und an das maurische Modell erinnernde Erklärung: „Diversity ist ein Kernbestandteil des Geschäftsmodells von Urbanara und wir haben Diversity vom Gründungstag an gelebt – ohne überhaupt einen festen Begriff dafür zu haben." Manchmal reicht für den Erfolg der gesunde Menschenverstand.

Die maurische Gesellschaft war eine Regenbogengesellschaft aus Angehörigen unterschiedlicher Länder, Ethnien und Konfessionen. Immer wieder schafften es die Menschen, friedvoll zusammenzuleben und über die Jahrhunderte hinweg Großes zu schaffen. Doch nicht die mitunter langen Friedenszeiten sind dafür verantwortlich, sondern das, was die Abwesenheit von Streit und Kampf unter den im Land lebenden Ethnien erst ermöglicht hat: nämlich die Einsicht in die Notwendigkeit, dass ein friedvolles Miteinander mehr Vorteile für alle hat als ein konfliktäres Gegeneinander – selbst wenn dieses „friedvolle Miteinander" im Fall von Abd ar-Rahman III im Vorfeld durch die geschickte Kombination von unbarmherziger Härte und großzügiger Milde erreicht wurde.

These 3:
Großzügigkeit und Milde setzen dem Sieg die Krone auf

Es ist überliefert, dass bereits der erste große maurische Herrscher Abd ar-Rahman I den Christen und den Juden im Alltag und im geschäftlichen Leben viel Freiheit ließ. Niemand wurde gezwungen, seine Religion aufzugeben und zum Islam überzutreten. Niemand wurde aus dem Wirtschaftsleben ausgeschlossen, nur weil er an Gott und nicht an Allah glaubte oder weil er statt in der Moschee in der Kirche oder Synagoge sein Gebet verrichtete. Die damals in Spanien lebenden Menschen beantworteten diese Generosität auf eine Weise, die auch heute noch von deren Richtigkeit zeugt. Bei den Angriffen der nordafrikanischen Berber kämpften Christen und Juden Seit' an Seit' neben dem muslimischen Eroberern.

Dass der römische Grundsatz *vae victis* – wehe den Besiegten – ein Ausweis von kleinlichem und kurzsichtigem Denken ist, wurde in der Neuzeit wiederholt unter Beweis gestellt. Im Negativen sei nur an die Folgewirkungen des Vertrags von Versailles erinnert, im Positiven an den Marshall-Plan der Vereinigten Staaten von Amerika. Zuweilen scheinen sich auch die Amerikaner auf diese Erkenntnis zu besinnen.

„Hire and Fire" gehört zum wesentlichen Management-Werkzeug US-amerikanischer Top-Führungskräfte. Alles bangt vor dem Wettbewerb. Da wird auf persönliche Schicksale keine Rücksicht genommen. Wie kann man doch mit solchen Pauschalurteilen daneben liegen. Natürlich steht auch bei den Managern von General Motors (GM) der Gewinn im Vordergrund. Der aber ist weder zwangsläufig noch nach Gutsherrenart noch mit der Holzhammermethode zu erzielen. Zumindest nicht in Europa, was interkulturell geschulte Top-Manager selbstverständlich wissen – auch die Angestellten der vermeintlichen Kasino-Kapitalisten in Übersee. Als die Finanzkrise in den letzten Zügen lag und die GM-Tochter Opel am Boden, reagierte die Zentrale des Automobilkonzerns in Detroit nicht mit einem radikalen Sanierungsplan, sondern präsentierte ein Restrukturierungsprogramm im Schonwaschgang. Als kaum noch jemand mit der Garantie für alle vier deutschen Opel-Standorte und dem Verkauf von Opel an den kanadisch-österreichischen Autozulieferer Magna gerechnet hatte, trat General Motors als Retter auf die Bühne.

Hinter dem Schmusekurs der Amerikaner steckte knallhartes Kalkül. Die GM-Manager wussten, dass ein gemeinsames Rettungspaket in Milliardenhöhe mit der deutschen Politik nur zu erreichen war, wenn es zu einem fairen Ausgleich von Arbeitgeber- und Arbeitnehmerinteressen kommen konnte. Also wurde ein kluges Sanierungskonzept entwickelt, und das machte es möglich, dass die Politik ernsthaft über zeitlich befristete Staatshilfen für Opel und die Gewerkschaften nicht minder angestrengt über einen Lohnverzicht nachdachten. Die Amerikaner hätten sich auch sang- und klanglos aus dem deutschen Markt zurückziehen und Mitarbeiter und Kunden damit bestrafen können. Das taten sie aber nicht, und das zeugt von überaus intelligentem Handeln.

Denn sechs Jahre, nachdem man sich bei General Motors zur Strategie des Miteinanders entschieden hatte, hat sich Opel wieder einigermaßen erholt. GM-Chefin Mary Barra weiß sehr wohl zwischen konsequent gewinnorientierter Zielsetzung und dem kompromissbereitem Weg dorthin zu unterscheiden: „Unser Ziel ist ganz klar: Jedes Segment in jedem wichtigen Land, in dem wir arbeiten, wollen wir am Ende auch anführen. Das ist die Mission, auf der wir uns befinden. Und dabei kann es uns nicht schnell genug gehen." Doch nicht um jeden Preis. Denn gleichzeitig redet Mary Barra von einer „echten und respektvollen Partnerschaft" mit Opel – und lebt diese Politik auch.

Machtgewinn ist selten möglich, ohne dass andere Macht abgeben müssen. Darin ähneln die Gesetze der Marktwirtschaft den Gesetzen militärischer Konflikte. Die „feindliche Übernahme" ist daher eine alltägliche Begleiterscheinung des sich selbst regulierenden Marktes. Aber es kommt auf das „Wie" an. Der Gewinner, der glaubt, mit der Sense durch die Reihen der Eroberten gehen zu müssen, wird mit seiner Beute meist nicht glücklich. Das wusste schon Abd ar-Rahman I. Nachdem er sich seiner Herrschaft über weite Teile der iberischen Halbinsel sicher sein konnte, zeigte der Eroberer gegenüber den Einheimischen Milde – für die das Volk ihm und seinen Nachkommen über Generationen hinweg mit Respekt dankte.

Das britische Mobilfunkunternehmen Vodafone Airtouch handelte im Geist der Mauren. Die Company hatte sich zum Ziel gesetzt, weltweit zum Star der Branche zu werden. Rund um den Globus suchte Vodafone-Chef Chris Gent nach Beteiligungen, um seine Macht auszubauen. In Deutschland hatte er sich die traditionsreiche Firma Mannesmann ausgesucht. Die Telekommunikationssparte von Mannesmann hatte mit Erfolg an einer Kombination aus Mobilfunk und Festnetz gearbeitet und war zum Marktzweiten aufgestiegen. Der Deal wurde zur Übernahmeschlacht und von den Medien als „Krieg" verkauft. Dabei wurde zu keiner Zeit Gewalt ausgeübt, sondern schlicht taktiert. Die Waffen waren das gängige Tauschmittel der Wirtschaft: Geld, sehr viel Geld. Die Übernahme war keineswegs unmoralisch – wenngleich der Begriff „feindliche Übernahme" dergleichen nahelegt. Feindlich wird der „Krieg" erst dann, wenn Köpfe rollen, und zwar viel mehr, als Unternehmen und Gesellschaft zuträglich sind.

Sicher, die Zerschlagung von Mannesmann ging radikal vor sich. Der Düsseldorfer Mischkonzern aber kränkelte schon vor der Übernahme ernsthaft. Vodafone behielt einzig das Mobilfunkgeschäft D2, alle anderen Geschäftsfelder wurden verkauft. Zur Überraschung der Pessimisten entwickelten sich viele frühere Mannesmann-Sparten gut, manche blühten sogar regelrecht auf, etwa die Röhrenwerke unter dem Dach von Salzgitter oder der Automobilzulieferer Mannesmann Sachs unter der Führung von ZF Friedrichshafen.

Ob die Vodafone-Manager den letztlich glücklich verlaufenen Deal von vornherein einkalkulierten oder ob ihnen der Zufall in die Hände spielte, ist nicht bekannt. Überliefert ist nur, dass Christ Gent, der Chef des britischen Konzerns, dem ehemaligen Ministerpräsidenten von Nordrhein-Westfalen versprach, bei den Arbeitsplätzen ohne Kahlschlag auszukommen. Und so geschah es: Ein Teil der bestehenden Arbeitsplätze blieb erhalten, neue entstanden, zukünftige waren in Planung. Schon kurz nach der Übernahme äußerte sich kaum jemand mehr missfallend über Chris Gent. Heute ist auch keine Rede mehr davon, dass Vodafone der Region um Düsseldorf und dem Ruhrgebiet ein Stück Industriekultur raubte. Selbst die mächtigen Medien konnten Vodafone nicht nachweisen, Arges im Schilde geführt zu haben. Zu reibungslos, effektiv und unter dem Strich auch im Sinne der „Eroberten" lief die Übernahme ab.

Im Zeitraffer erkennt man, dass die Briten ebenso wie einst die Mauren weitgehend auf Muskelspiele verzichtet hatten, um den Besiegten Ehre zu erweisen, sie nicht zu demütigen und dadurch Aggression hervorzulocken. Die Ziele hießen rational möglichst friedliche Übernahme und rasche Integration. Weil das gelang, blieben hier wie auch bei Opel die härtesten Widerstände aus.

Solche Weitsicht legen freilich nicht alle Sieger an den Tag. „Die kulturelle Dimension des Erfolgs von global agierenden Unternehmen wird immer noch stark unterschätzt", stellte die Wirtschaftswissenschaftlerin Uta Kremer in ihren Studien an der Handelshochschule Leipzig fest. Die Eigenheiten von Übernahmekandidaten würden auf Kosten eigener Vorstellungen häufig geflissentlich ignoriert oder gar nicht erst wahrgenommen. Einer weiteren Untersuchung der Unternehmensberatung Hewitt Associates zufolge legen global agierende Firmen zu wenig Wert auf Humankapital, Organisationsstruktur und Führungskompetenz – obwohl zwei Drittel der befragten Unternehmen Mitarbeiter und Unternehmenskultur für mitentscheidende Faktoren bei Veränderungsprozessen halten. Diesem Missverhältnis von Glauben und Handeln, so die Studie, fielen mehr als die Hälfte aller Transaktionen zum Opfer. Massive Gegenwehr sei die Antwort auf ungenügend vorbereitete Zusammenschlüsse, ergänzt Frank Roslieb, Direktor des Instituts für Krisenforschung in Kiel: „Da werden Feindbilder aufgebaut, die sich nur schwer revidieren lassen." (Michler, I., 2011)

In die gleiche Richtung weisen die Ergebnisse einer Analyse des Beratungsunternehmens Deloitte und der Universität St. Gallen. Bei der Befragung von 25 Schweizer Unternehmen, die zwischen 2002 und 2014 jeweils mehr als acht Übernahmen durchführten und einen Umsatz zwischen einer und 60 Milliarden Franken erzielten, gaben lediglich 23 Prozent an, dass ihr Unternehmen über ein systematisches Vorgehen sowie Instrumente zur Integration des übernommenen Unternehmens verfügt. Nur 11 Prozent erwähnten, ihr Unternehmen baue auf einen formalisierten Lösungsansatz, um einen fehlenden, strukturierten Integrationsprozess auszugleichen. Noch nicht einmal jedes zweite Unternehmen hat demzufolge verstanden, wie wichtig systematische Vorbereitungsprozesse für erfolgreiche Übernahmen sind. Damit aber nicht genug. Wer die Integration unüberlegt durchführe und sie nicht immer wieder feinjustiere, werde den angestrebten Transaktionswert verfehlen, mahnt Deloitte. Mit den maurischen Herrschern könnte man hinzusetzen: Und wer meint, das (Kunden- und Mitarbeiter-)Volk vergesse schnell, was ihm angetan worden sei, der wird für diesen Irrglauben teuer bezahlen müssen.

> Neben dem Einfordern von Loyalität seitens der Bevölkerung Iberiens, mitunter auch mit Waffengewalt, bestand die erfolgreichste Methode der Zurückdrängung von Widerständen darin, die Lebensbedingungen der Menschen nach der Landnahme zu verbessern. Die Methode, mit der die maurischen Eroberer Widerstände seitens der Bevölkerung in Hispanien im Keim erstickten, war jene, die Lebensbedingungen der Menschen nach der Landnahme zu verbessern. Die auf der iberischen Halbinsel eroberten Völker, Familien und Menschen wurden unter islamischer Herrschaft sogar bevorzugt behandelt, weil sich der Emir davon Vorteile versprach. Auf diese Weise wurden Täter-Opfer-Spiele im Keim erstickt, und die Großzügigkeit der Eroberer wurde ihnen tausendfach zurückerwiesen. Dieser Gedanke sollte allen Übernahmen ins Planungsbuch geschrieben werden – er ist genauso so richtig wie vor eintausend Jahren.

These 4:
Begrenze die Macht und den Einfluss von Führenden, die nicht zum Wohle des Ganzen beitragen

Die Mauren planten nicht auf kurze Sicht. Vielmehr wussten sie, dass dauerhafter Wohlstand nur von langer Hand und über geschickte Nachwuchs- und Elitenförderung zu bewerkstelligen ist. Hier sind zwei Beispiele von Unternehmen, die grandios scheiterten, weil sie eben das *nicht* wussten.

Über Nacht war die promovierte Biologin Karin Kettler Unternehmerin und Arbeitgeberin von rund 1100 Mitarbeitern geworden. Geplant und gewünscht hatte sie das nie. Doch sie musste dem Vater nachfolgen, der mit einer seiner Erfindungen, dem legendären Kindertretauto Kettcar, ins Schwarze getroffen hatte, und auch mit dem ersten Fahrrad aus Aluminium, mit neuartigen Tischtennisplatten und dem Heimtrainer Verkaufslawinen ins Rollen gebracht hatte.

Firmengründer Heinz Kettler hatte sich als genialer Erfinder und in den ersten Jahren ab 1949 auch als talentierter Unternehmer erwiesen. Seine Firma stand buchstäblich für Innovation, für Fleiß und Schweiß, für „Made in Germany". Der Chef bekannte sich stets zu seiner sauerländischen Heimat, bereiste für den Erfolg seines Unternehmens aber auch die Welt und sammelte eifrig Ideen für seine kleinen, technischen Wunderwerke.

Kettler beging jedoch zwei entscheidende Fehler, die seine Nachfolgerin wider Willen ausbaden musste: Er unterließ die notwendigen Investitionen, und er kümmerte sich nicht um seine Nachfolge. Nachdem sein Sohn 1981 bei einem Verkehrsunfall ums Leben gekommen war und sich die Familie untereinander zunehmend entfremdet hatte, steckte Kettler kaum noch Geld in sein Unternehmen. Überdies wollte der Patriarch nicht loslassen und behielt die Fäden bis zu seinem Tod 2005 in den Händen. Um eine kompetente Nachfolge hatte er sich seit dem Tod des Sohnes, fast ein Vierteljahrhundert lang, nicht mehr gekümmert.

Tochter Karin hatte sich mit ihrer Mutter schon Mitte der 1980er Jahre von Vater und Unternehmen distanziert. Nun stand die frischgebackene Firmenchefin vor einem Scherbenhaufen. Bei anderen, wohlhabenderen Gesellschaften bettelte sie um Hilfsgelder. Erst sei sie höflich gewesen, dann verzweifelt und schließlich verärgert, erinnert sich einer, der Hilfe ausschlug. Karin Kettler war Geschäftsführerin eines Weltmarktführers geworden, ohne das Unternehmen in seinen Strukturen und in seinen wirtschaftlichen Verästelungen zu kennen. Unkenntnis erzeugt Misstrauen. Zumindest bei Karin Kettler war das so. Einige Manager resignierten und wandten sich neuen Herausforderungen zu. Die Chefin suchte Hilfe bei Externen. Die Unternehmensberater aber trugen mehr Geld aus der Firma heraus, als sie hereinbrachten. Die Rettungsaktionen von Karin Kettler kamen zu spät. Im Juni 2015 musste das Unternehmen Konkurs anmelden.

Heinz Kettler hatte versäumt, das in den 1970er und 1980er Jahren stark gewachsene Unternehmen für die Zukunft zu rüsten. So innovativ er auf technischem Gebiet war, so sehr ignorierte er die Notwendigkeit firmeninterner Reformen und die Ratschläge aus seinem Umfeld. Eine Personalpolitik, wie sie die maurischen Herrscherdynastien verfolgten, hätte Kettler vermutlich vor dem Ruin bewahrt. Die Mauren nämlich enteigneten diejenigen, die dem führenden Herrscherhaus gegenüber keine Loyalität bewiesen und somit den Fortschritt aufhielten – gleichgültig, welchem gesellschaftlichen Stand sie angehörten.

Gut, wenn sich Führungskräfte der fachlichen Kompetenz ihrer Mitführenden sicher sein können. Schlecht, wenn die Vertrautheit auf Kontrolle verzichtet oder gar in Kumpanei mündet. Und noch schlechter, wenn daraus ein Skandal wird, der die gesamte deutsche Industrie in Misskredit bringt.

Als im Spätsommer 2015 publik wurde, dass Volkswagen die Abgaswerte seiner Autos manipulierte, ließen sich ungewöhnlich harte Konsequenzen nicht mehr umgehen. Der Vorstandsvorsitzende des Volkswagen-Konzerns Martin Winterkorn, bestverdienender deutscher Manager, musste ebenso seinen Hut nehmen wie die Entwicklungschefs von VW, Porsche und Audi, und mit ihnen Dutzende weitere Führungskräfte.

Der begnadete Tüftler Ulrich Hackenberg, bei VW dank des von ihm entworfenen modularen Baukastensystems als „Über-Ingenieur" betitelt, galt als nahezu unersetzlich. Weil Entwicklungsvorstand Hackenberg zudem ein enger Vertrauter von Martin Winterkorn war, genoss er offenbar besondere Freiheiten. Kritiklos nahmen Mitarbeiter die Anweisungen des mächtigen Ingenieurs entgegen, der als zweiter Mann im Konzern galt und als Wortführer der bei Volkswagen mächtigen Techniker-Fraktion.

Es ist kaum zu glauben, dass der eine VW-Vorstand nichts von den Machenschaften des anderen gewusst haben soll. Dass System hinter dem Betrug steckt und nicht den kriminellen Energien eines Einzelnen entspringt, macht den Fall VW zu einem Skandal von historischen Ausmaßen. Was haften bleibt, ist der Gedanke an eine Selbstgefälligkeit an der Firmenspitze, die sich mehr um den persönlichen Ruf schert als um den unternehmerischen und gesellschaftlichen Auftrag. Die VW-Manager schaden dem guten Ruf der deutschen Industrie und hinterlassen der gesamten Automobilbranche eine riesige Baustelle.

Was haben Kettler und Volkswagen gemeinsam? In beiden Fällen glaubten die Spitzenmanager an ihre Unfehlbarkeit. Was lange gutgegangen ist, wird auch künftig funktionieren, so schienen sie zu denken. Hätten sie nur einmal in das Buch der Geschichte geblickt. Führen hieß bei den spanischen Mauren, die Macht in die Hände jener zu legen, deren Wissen und Können die Aussichten auf politischen und wirtschaftlichen Erfolg erhöhten. Ob Adel, Klerus, Bauern oder Zugewanderte – auf die Leistungsfähigkeit kam es an. Auf alte Seilschaften gaben sie nichts. Wer dem erklärten Ziel nicht dienlich war und stattdessen die persönliche Bereicherung auf Kosten des Gemeinschaftswohls suchte, wurde entmachtet (oder schlimmstenfalls durch Hinrichtung beseitigt).

Dieses Denken zieht sich durch die gesamte Herrschaftszeit der Mauren. Von Beginn an wurde möglicher Widerstand im eroberten Süden Spaniens im Keim erstickt, weil die Araber mit der verhassten Willkürherrschaft der Westgoten Schluss machten. Das Volk sah in den Neuankömmlingen eher die Befreier von einem schweren Joch als solche, die ihm nur neue Ketten anlegten. Zu Recht, denn die maurischen Fürsten sahen genau hin, wen sie mit Privilegien und wen sie mit Ungnade bedachten. Einfache Bauern, die sich als tüchtig erwiesen hatten, erhielten eben jenes Land als Pachtbesitz, das sie zuvor für die unproduktiven Adeligen hatten bewirtschaften müssen. Auch die römische Kirche verlor große Teile ihres Besitzes. Behalten durfte sie nur noch bereits bestehende Kirchengebäude, um die Gläubigen nicht ihrer geistigen Heimstatt zu berauben.

Die Folge dieser weitsichtigen Politik: Unter den Emiren und später den Kalifen ging es denjenigen Iberern besser als zuvor, von deren Arbeit sich die Mauren Gewinn für die Gemeinschaft versprachen. Solche aber, die sich ohne eigene Leistung Vorteile erhofften, wurden herabgestuft. In Moralkategorien kann das als Gerechtigkeit bezeichnet werden. In Kategorien des Verstandes ist es pure Klugheit.

Die legte auch Heinrich Hiesinger an den Tag, als er Anfang 2011 das Amt des Vorstandsvorsitzenden bei ThyssenKrupp übernahm. Wie es bei Sanierern meist der Fall ist, machte sich der neue Chef bei Deutschlands größtem Stahl- und Technologieunternehmen nicht nur Freunde. Das betraf die Basis gleichermaßen wie die Führungsebenen. Nach Milliardenverlusten in den Vorjahren räumte Hiesinger schonungslos auf. Kungeleien, gegenseitiges Händewaschen und blinde Loyalität waren dem promovierten Elektroingenieur zuwider. Das sagte er auch deutlich. „Es wurde eine Kultur gepflegt, in der Abweichungen und Fehlentwicklungen lieber verschwiegen als korrigiert wurden", klagte Hiesinger. „Unsere Maxime lautet: Führungskräfte bei Thyssen Krupp handeln ehrlich, vorbildlich und verantwortungsvoll." Wer dabei nicht mitziehe, könne seinen Hut nehmen, sprach der Chef. Nicht Thyssen Krupp sei das Maß aller Dinge, sondern der Markt und der Wettbewerb: „Jeder im Konzern wird sich daran messen müssen." (Frankfurter Allgemeine Zeitung, 2012)

Gesagt, getan. Hiesinger kehrte mit eisernem Besen. Der 55-jährige frühere Siemens-Manager senkte die Ausgaben, strich Tausende von Stellen und stieß Beteiligungen ab. Die Entwicklung bestätigte seinen Radikalkurs. Im August 2015 konnte der ThyssenKrupp-Chef mit kräftigen Gewinnmeldungen vor die Presse treten. „Wir haben große

Fortschritte gemacht", kommentierte Hiesinger seinen Erfolgskurs. Seine Kritiker sind inzwischen verstummt.

> „Fat Cats" nennen Anglosachsen meist lang im Unternehmen tätige Mitarbeiter und Führungskräfte, die verlernt haben, sich für den Erfolg ihren Kopf zu zerbrechen. Sie zu identifizieren und sich von ihnen schnell, aber auf möglichst gütlichem Wege zu trennen, gehört zu den Pflichten jedes neuen Spitzenmanagers. Als Vorbild können hier einmal mehr die maurischen Eroberer dienen. Kurz nach der Inbesitznahme der iberischen Halbinsel enteigneten sie den unproduktiven Adel und die Kirche und verteilten das Land zur Bestellung unter den siegreichen Kämpfern. Auf diese Weise formte sich bäuerlicher Klein- und Mittelbesitz, der das Land zum Blühen brachte.

**These 5:**
Leitkulturen können sich zu Leidkulturen entwickeln. Löse dich, wenn es vernünftig ist, von deiner Herkunft

Wer seine Kultur hegt und pflegt, bewahrt seine Stärken und erweitert sie im besten Sinne. Diesem Leitgedanken sind die Mauren während ihrer fast achthundertjährigen Herrschaft in al-Andalus gefolgt, ob bewusst oder unbewusst, können wir heute nicht mehr sagen. Allerdings weiß man aus der Forschung, dass sich Minderheiten in einem Land stärker an ihre Sitten und Gebräuche gebunden fühlen und halten als die Mehrheit der Menschen, die sich ihrer wohl sicherer fühlt als die Minorität.

Als die Araber und Berber aus Nordafrika nach Hispanien kamen, brachten sie neben ihren Stammestraditionen, ihrer Sprache und ihrem Glauben noch weitere Gepäckstücke mit: Der weltoffene Sinn und das Organisationstalent der Araber sowie das hochentwickelte Wissen der Berber um die Landwirtschaft waren die Grundlagen der späteren maurischen Hochkultur. Das alles vereint ließen sie in al-Andalus zur Größe aufblühen. Dabei half die arabische Sprache, denn sie schuf Einheit inmitten der Vielfalt. Die Hofleute im Palast der Umayyaden von Córdoba waren hauptsächlich Nicht-Araber, die jedoch arabisch sprachen. Wer Neigung zur Literatur oder Wissenschaft hatte, las daheim arabische Handschriften. Bildung, von den Arabern längst hoch gehalten, gewann auch in al-Andalus hohe Bedeutung. Schon kleine Kinder buchstabierten eifrig nach den Regeln der arabischen Grammatik, übten sich in der Rechtschreibung, um richtig und schön schreiben zu können, und meisterten rasch die vier Grundrechenarten. Die Begabteren lernten, arabische Verse zu deklamieren und machten Bekanntschaft mit den Elementen der Geometrie und Astronomie. Bibliotheken, in den östlichen Herrschaftsgebieten des Islam dank der Bekanntschaft mit den Griechen nichts Ungewöhnliches, aber den westgotischen Herren Spaniens völlig fremd, erfuhren unter Abd ar-Rahman II und III eine leidenschaftliche Förderung. Die Architektur, von der Iberer und Kelten kaum etwas verstanden, zeigte unter maurischer Herrschaft ihr wunderbarstes Gesicht. Um gar nicht erst zu sprechen von der originär arabischen Sitte, Körper und Geist gleichermaßen pfleglich zu behandeln. Auch diese lebte unter der Sonne Andalusiens weiter.

In ihrer neuen Heimat legten die arabischen Eroberer zwar nicht viele, aber doch einige ihrer Bräuche ab. Zum Beispiel verzichteten sie auf die strenge Anwendung der Scharia, der im Koran verankerten Pflichtenlehre mit Gesetzeskraft. Im islamischen Reich erfasste sie ab dem 7. Jahrhundert das gesamte religiöse, politische, soziale, häusliche und individuelle Leben sowohl der Muslime als auch das Leben der geduldeten Andersgläubigen (Dhimmi = Schutzbefohlene) insofern, als ihre öffentliche Lebensführung dem Islam und den Muslimen in keiner Weise hinderlich sein durfte. Sie beschreibt folglich die Einheit zwischen Religion und Recht und von Religion und Staat. Aus Klugheit oder vielleicht auch nur angesichts der nach wie vor zahlenmäßig hohen Anhängerschaft anderer Glaubensrichtungen verzichteten die maurischen Herrscher in al-Andalus auf die strikte Anwendung der Scharia. War das einst Teils ihrer Leitkultur, so sorgten sie dafür, dass ihrer iberischen Eroberung keine „Leidkultur" oktroyiert wurde.

Die Pflege der Kultur freilich darf nicht verwechselt werden mit Abschottung, am allerwenigsten heute, da die Globalisierung die Grenzen nur noch im politischen Sinne bestehen lässt. Ein trauriges Lied davon können japanische Unternehmen singen. Bis weit in die 1980er Jahre hinein galten sie als Closed Shops, in denen Manager aus fremden Kulturen keinen Fuß vor den anderen bekamen. Ihre Missionen am Weltmarkt waren bis auf wenige prominente Ausnahme wie Toyota, Canon und Brother zum Scheitern verurteilt. Dauerrezession und eine überalterte, weitgehend geschlossene Gesellschaft sind die Folgen der selbst verordneten Isolation. Rückschläge könnten auch die vermeintlich so modernen amerikanischen Unternehmen wie Apple, Google und Amazon erleiden, die sich homogene und streng reglementierte Kulturen gegeben haben. Die Strategie des „Hier-kommt-sonst-niemand-hinein" stößt intern wie extern auf erste Klagen. Immerhin scheinen die USA aus dem tiefen Fall Japans gelernt zu haben. Schon kündigen die CEOs eine kulturelle Teilerneuerung an.

Beim Stuttgarter Hausgeräte-Hersteller Bosch stand diese Erneuerung aus. Jahrzehntelang fristeten Marketing und Öffentlichkeitsarbeit im Technologiekonzern ein Schattendasein. Werben für die eigenen Produkte? Buhlen um Fachkräfte? Wir doch nicht, hieß es selbstbezogen, als handele es sich bei dem Unternehmen um eine Insel. Doch die Welt verändert sich in jeder Minute, sie spricht mittlerweile Englisch, Arabisch und Mandarin. Die Globalisierung bringt fast täglich neue Wettbewerber hervor, und Kunden und Mitarbeiter wollen umworben werden. Inzwischen hat in der Württemberger Zentrale ein erfrischend offensives Führungsteam das Zepter übernommen. Weltoffen zu denken und zu handeln heißt für die heutige Stuttgarter Führung nicht nur, sich proaktiv anderen Nationalitäten zu öffnen, sondern auch den eigenen Mitarbeitern als Gesprächspartner ohne Vorurteile entgegenzutreten.

Kulturelle Toleranz, Aufgeschlossenheit für andere Sitten, Gebräuche und Denkmuster verlangen von großen und leider oft schwerfälligen Konzernen häufig tiefgreifende Veränderungsprozesse. Volkmar Denner lebt sie vor. Der Bosch-Vorsitzende kennt das Haus seit langem und hat einen Kulturwandel eingeläutet, der die strenge Hierarchisierung des Wissens aufgibt. Möglichst viele Mitarbeiter sollen wie Sensoren auf ihre Umwelt reagieren und ihre individuellen Wahrnehmungen direkt ins große Ganze einspeisen. Seit neuestem sind sogar Fehler bei Bosch erlaubt – das war noch vor zehn Jahren undenkbar. Die Mitarbeiter lernen: Wir sind etwas wert! Wir sind wichtig!

Erfolgreiche Unternehmen antizipieren Veränderung und passen sich ihr immer wieder aufs Neue an. So auch ihre

Führungskräfte: Sie haben – häufig unter Schmerzen – gelernt, dass der starre Blick auf Bilanzen, Kennzahlen und Analysen letztlich zum Stillstand im Unternehmen führt. Stattdessen halten sie Ausschau nach neuen Ideen, neuen Produkten und neuen Märkten. Sie lieben die Herausforderung und wollen Menschen und Märkte bewegen. Stillstand ist für sie gleichbedeutend mit Rückschritt. (Stähli, A., 2003, S. 14)

„Zukunft braucht Herkunft", mahnt der Philosoph Odo Marquard. Aber Herkunft, die in die Zukunft hineinstoßen will, muss mit der Zeit gehen, muss sich verändern und jung bleiben. Den Mauren, von den Umayyaden über die Almoraviden bis hin zu den Almohaden, ist wahrlich nicht der Vorwurf zu machen, sie hätten an vormittelalterlichen Sitten und Gebräuchen festgehalten. Dafür sorgten schon die angewandten Wissenschaften in der Baukunst und in der Landbestellung, denen Gutsbesitzer und Bauern viele technische Neuerungen zu verdanken haben. Nicht ein Emir, nicht ein Kalif hatte die Zeit anhalten lassen wollen, um nach Sitte der Väter fortzufahren. Im Gegenteil: So sich Verbesserungen als vernünftig – im heutigen Sprachgebrauch: als wirtschaftlich – erwiesen, war der Fürst der Erste, der den Befehl zum praktischen Einsatz gab. Und das ungeachtet der Herkunft des Ideengebers. Zu den technischen und künstlerischen Innovatoren in der maurischen Zeit gesellten sich neben Araber auch Christen, Juden und areligiösen Menschen. Das Handlungsmotiv der Maurenherrscher könnte man mit der ebenso schlichten wie wahren Aussage: „Es geht um die Sache" beschreiben.

Sucht man nach Beispielen dafür in der Gegenwart, so findet man die am ehesten bei Kulturbetrieben. Den Titel „Weltbürger" hat sich der inzwischen pensionierte Choreograf Heinz Spoerli redlich verdient – und das, obwohl sich der Kosmopolit nachdrücklich zu seiner Schweizer Heimat bekennt. (Regitz, H., 2012, S. 24) Der einstige Tänzer verhalf nach Stationen in Köln, Montreal, Basel, Genf, Paris, Wien, Mailand, Berlin, Hongkong, Lissabon, Stockholm, Stuttgart, Graz und sogar Düsseldorf auch dem Zürcher Ballett zu Weltgeltung. Spoerli galt immer schon als äußerst kreativ, vor allem aber als Professional durch und durch. Ob ein Tänzer aus Kanada, Japan oder Russland kommt, interessierte ihn nur am Rande. Von Bedeutung waren für ihn stets nur eiserner Wille und Talent seiner jungen Truppe.

Spoerlis Bruder im Geiste war der 2014 verstorbene Belgier Gérard Mortier. Auch für den in Gent geborenen Intendanten gab es keine geografischen, sondern nur künstlerische Grenzen. Die Frage nach der Akzeptanz fremder Kulturen stellte sich für Mortier nicht. Trotz aller Härte gegenüber sich selbst und anderen (eine Parallele zu Spoerli) blieb der mit scharfem Intellekt gesegnete Opernmanager immer Mensch. Ob in Brüssel, Salzburg, Paris oder Madrid: Mit seiner charmanten und unerschrockenen Hartnäckigkeit hielt er seinen Auftraggebern schonungslos den Spiegel vors Gesicht. Sein besonderes Verdienst: Mortier, der sich weniger als Musikbühnenintendant denn als Manager eines Kulturbetriebs sah, hielt seinen Künstlern stets den Rücken frei und bot ihnen ein Höchstmaß an Freiheit in Denken und Handeln – eine frappierende Parallele zur „Kulturpolitik" der Mauren. Wie sie knüpfte Mortier engmaschige und daher stabile Netzwerke, deren kulturelle wie ökonomische Folgen noch lange sichtbar sein werden.

Spoerli wie Mortier hoben die Kunst, Menschen zusammenzubringen und sie für eine gemeinsame Sache zu begeistern, mit starkem Willen und aus tiefer Überzeugung auf eine neue Ebene. Die Basis bei beiden war der Glaube an das eigene Können. Dabei beruhte ihre Überlegenheit nie auf Herablassung, sondern auf Toleranz. Sie wussten, dass sich eine Gesellschaft nur dann konfliktfrei und prosperierend gestalten lässt, wenn man die Bedürfnisse ihrer Mitglieder erkennt und respektiert. (Hagmann, P., 2014) Was die Weitsicht der Mauren ebenso ausmachte wie die Professionalität von Spoerli und Mortier, war neben geforderter Loyalität für die Führung der sichere Blick auf die Leistungsfähigkeit des Einzelnen. Alles andere waren Randthemen.

Sowohl im Geiste der Mauren wie im Sinne der Kulturmanager formuliert Robert Sutton, Professor an der Stanford Graduate School of Business, in seinem Buch „Good Boss, Bad Boss" sein Ideal von guter Führung: „The best bosses are competent at the work they oversee and are in tune with what it feels like to work for (…) They have the wisdom to listen to their people closely and to encourage them challenge the boss's ideas in civilized and instructive ways. They treat their people with dignity and respect." Auf diese Weise dient Management dem großen Ganzen, was letztlich wieder auf die obersten Entscheider zurückfällt. Selbstlos ist gute Führung also nie. (Sutton, R., 2011)

> In dem sich die maurischen Herrscher von den tonangebenden Kalifenhöfen in Damaskus und Bagdad emanzipierten, schufen sie Raum für eigenes Wachsen und Werden. Zwar vergaßen sie ihre arabische Abstammung niemals, doch sie verschlossen sich nicht gegenüber den Einflüssen fremder Kulturen. Im Gegenteil: Sie erkannten den Gewinn, der in der Vielfalt und in der Öffnung für Neues liegt. Zukunft braucht Herkunft – doch um eine Zukunft zu haben, darf man sich nicht an seine Herkunft fesseln. Diese Botschaft sei Unternehmen in Zeiten der Globalisierung ins Stammbuch geschrieben.

These 6

Setze nicht nur auf Erfahrung, sondern auch auf das Wissen der Jungen. Lehre sie alles, was dein Werk braucht, um zu wachsen

Bildung wurde im Reich der Mauren mit Großbuchstaben geschrieben. Denn es entspricht gewachsener arabischer Tradition, Erziehung und Ausbildung junger Menschen einen großen Wert beizumessen. In den Grundfertigkeiten Schreiben, Lesen und Rechnen wurden Jungen und Mädchen schon im frühen Kindesalter unterwiesen. Während die Mädchen anschließend im Alter von etwa zehn Jahren von den Müttern an die hauswirtschaftlichen Fertigkeiten herangeführt wurden, erhielten die Knaben noch einige Jahre lang eine intensive schulische Bildung. Aufgabe der Lehrer war es, besondere Begabungen zu entdecken, zu fördern und gegebenenfalls zum Besuch einer Universität zu raten. Entsprechend stand der Lehrerberuf bei den Mauren in hohem Ansehen. Ebenso geachtet waren die Ausbilder auf Höfen und in Handwerksbetrieben. Ihre Aufgabe war erst dann abgeschlossen, wenn sich der junge Mann nachweislich im Beruf bewährt hatte. Zugespitzt kann man sagen, dass in den Augen der Mauren jeder erwachsene Mensch einen Bildungsauftrag an die Jugend hatte.

Diesen Gedanken findet man heute wieder in Unternehmen, die sich aus eigenem Interesse der Förderung ihrer Nachwuchskräfte verschrieben haben. Nicht selten steht die Idee dahinter, die Besten von den Besten lernen zu lassen

– ein Gedanke, der uns schon bei den Maya begegnet ist. (Stähli, A., 2012, S. 142 ff.)

Maschinenbauingenieur Gregor Deutschle ist es nicht schwergefallen, seinem Arbeitgeber über die Jahre treu zu bleiben. Und das in einer Zeit, in der karrierebewusste Akademiker in immer schnellerem Tempo die Stelle wechseln, um Stufe für Stufe die Karriereleiter hochzuhetzen. Der Absolvent der Rheinisch-Westfälischen Technischen Hochschule (RWTH) Aachen weiß es zu schätzen, dass ihn der Spezialglaskonzern Schott akribisch auf Führungsaufgaben vorbereitet und ihm in kniffligen Situationen zur Seite steht.

Das Technologieunternehmen betreut über sein internationales Graduate Program berufsunerfahrene Ingenieure beim Ein- und Aufstieg im Unternehmen. Die Hochschulabsolventen durchlaufen in 18 bis 24 Monaten mehrere Fachbereiche und absolvieren Auslandseinsätze, denen ein interkulturelles Training vorangeht. Vom Ellbogendenken seien die Jungakademiker weit entfernt, betont Gregor Deutschle: „Wenn man als Graduate startet, sitzen alle in einem Boot. Alle sind neu und neugierig. Man tauscht sich aus und lernt sich kennen. Die Gruppe ist zwar weltweit verteilt, hält aber Kontakt." Das Spannende sei die bunte, kulturelle Vielfalt. Wenn man gelernt habe, sich auf die unterschiedlichen Mentalitäten einzustellen, falle die Kommunikation und damit die Lösungsfindung leichter. „Und man stellt fest, dass über das neue Netzwerk auch Herausforderungen zu lösen sind, die zuvor unlösbar schienen." Ins kalte Wasser fällt beim Mainzer Glasspezialisten niemand. Wer dennoch ins Schwimmen gerät, kann sich an seinen Mentor wenden. Der ist Ratgeber, kein Babysitter. Deutschle unterscheidet: „Wir werden gefördert, aber nicht hofiert."

Das Credo der Teilnehmer am Schott-Nachwuchsprogramm lautet: Ja zum Wettbewerb, aber immer im Team. Das haben die angehenden Schott-Führungskräfte mit der in diesem Buch betrachteten maurischen Elite gemein. Dahinter steht eine kluge Nachwuchsförderpolitik. Im Fokus hatte sie zwar vor allem die arabischstämmige Aristokratie, aber auch die Begabten im Volk. 929 ließ sich Abd ar-Rahman III zum Kalif ausrufen, um anzuzeigen, dass er sich und die iberische Halbinsel von Bagdad gelöst hatte. Dieser bewusste Bruch mit der Einheitstradition sollte kundtun, dass Córdoba nun zur ernst zu nehmenden Großmacht aufgestiegen war. Parallel dazu baute er ein neues Söldnerheer aus Kriegssklaven aus dem germanischen und slawischen Europa auf. Da diese Sklaven schon als Kinder ins maurische Reich gelangten, konnten sie leicht erzogen und islamisiert werden und wurden so zu den treuesten Gefolgsleuten der Kalifen – eine Politik, die die osmanischen Sultane mit den Janitscharen etwa 600 Jahre später ebenso betrieben.

Auch in heutiger Zeit schreiben sich viele Unternehmen die Nachwuchsförderung auf ihre Fahnen. In Trainee-, Promotion- und Career-Programmen werden die Jungen mit kniffligen Aufgabenstellungen konfrontiert und dabei beobachtet, wie sie an die Lösung herangehen. Nach einem bis zwei Jahren wissen die Probanden, was sie sich zutrauen dürfen – und die Unternehmen wissen das auch. So wie Gregor Deutschle, der bei Schott inzwischen globaler Produktmanager im Bereich Pharmaceutical Systems geworden ist, ahnten auch die anderen Teilnehmer beim Einstieg noch nicht, wohin sie der Karriereweg führt. Das Graduate Program ist ein Berufseinsteigerprogramm, das auf Führungspositionen ebenso vorbereiten soll wie auf Spezialistenstellen. Auch der Werdegang eines maurischen Anführers war nicht von Geburt an vorgezeichnet. Neigung, Talent und Bedarf entscheiden bei Schott wie bei den einstigen Herren von Spanien über Karrierewege und damit letztlich über den Erfolg des Konzerns. Wie ich schon im Jahr 2001 vorausgesehen habe: „Das Managementpotential des Unternehmens – das ist der Motor der Entwicklung und Führung der Organisation. Wo kompetentes, weitsichtiges Management fehlt, läuft das Unternehmen Gefahr, zu stranden." (Stähli, A., 2001, S. IX)

Vor dem Hintergrund des angekündigten Fachkräftemangels investieren gerade Technologiekonzerne wie RWE, ABB und Siemens viel in den viel versprechenden Nachwuchs. Aber auch wer sich nach Studium, Traineeprogramm und ein paar Jahren Berufspraxis an einer Hochschule oder Business School weiterbilden will, kann mit der freudigen Zustimmung seiner Oberen und praktischer Unterstützung rechnen. Freilich muss die Lernanleitung dann ebenso eine andere sein wie das Lernen an sich, denn: „Managers in the fourth decade of life are characterized by qualities of judgement, maturity, and readiness to accept responsibility. These qualities must be taken into account in the learning process." (Stähli, A., 2006, S. 5) Die Auserwählten danken es in einer Währung, die heute selbst für renommierte Konzerne nicht mehr selbstverständlich ist: mit Treue. (Schmitz, W., 2014)

Talentförderung lohnt sich nachweislich für beide Seiten. Also steht das doch in jedem Unternehmen auf dem Plan – oder? Eine Studie des Personaldienstleisters ManPower aus dem Spätsommer 2015 schreckt auf, denn sie macht deutlich, dass viele Arbeitgeber im professionellen Talentmanagement immer noch eine Modeerscheinung und vor allem einen Kostenfaktor sehen. (ManPower, 2015) So planten 41 Prozent der Unternehmen Investitionen in Coachings ihrer Führungskräfte, aber weniger als ein Drittel in Maßnahmen zur Führungskräfteentwicklung. Wen wundert es da, dass nur etwa jedes zehnte deutsche Unternehmen angibt, ausreichend Nachwuchsführungskräfte in seinen Reihen zu haben?

Die Folgen sind absehbar. Wenn Fach- und Führungskräftetalente unentdeckt und unterfordert bleiben, fallen Unternehmen im Wettbewerb zurück. Gleichzeitig droht Kostenanstieg, weil die Rekrutierung externen Führungspersonals viel Geld verschlingt. Werden die internen Jungtalente hingegen gefördert, gefordert und betreut, dann bleiben sie dem Betrieb treu und bewahren und vergrößern sein Knowhow. Gregor Deutschle lässt grüßen.

Die maurischen Emire und späteren Kalifen investierten von der Schule bis zur Universität in ihren Nachwuchs. Ihnen war der Wert von Bildung klar, denn sie brauchten gebildete Anführer. Sie wussten aber auch, dass man Talente nicht immer zwingen kann, dass man sie ihren eigenen Weg gehen lassen muss. Abdallah, Emir von Córdoba, ließ zunächst seinen eigenen Sohn durch seinen Halbbruder töten, weil er an dessen Kapazität und Loyalität zweifelte. Später ordnete er aus demselben Grund auch die Hinrichtung dieses Halbbruders an und setzte als seinen Nachfolger seinen Enkel ein, den späteren Kalifen Abd ar-Rahman III. Die Mittel, Nachwuchs auszuwählen, waren damals sicher andere, aber das Prinzip, auf Befähigung und Loyalität zu setzen, ist dasselbe. Das ist im Laufe der Geschichte oft vergessen worden. „Einer der größten Fehler ist sicherlich, die Mitarbeiter hinzuhalten, um so lange wie möglich von ihnen zu profitieren", mahnt die Münchner Personalberaterin Linda Becker. (Hockling, S., 2014) „Wer Nachwuchskräfte nicht fördern kann, sollte sie wohlwollend ziehen lassen und den Kontakt halten, um sie beizeiten wieder zurückgewinnen zu können."

„Wohlwollend ziehen lassen" – dieser Ermahnung bekommt vor dem Hintergrund der Internationalisierung noch eine andere Bedeutung. Junge Menschen, Nachwuchs-Leader allemal, müssen hinaus in die Welt. Die Weltwirtschaft ruft nach globalen Gesellschaften unter der Regie von globalen Führern, die über globale Denkmuster verfügen, um auf den Märkten der Welt Erfolg zu haben. Doch zwischen den hohen Anforderungen an Manager und den individuellen und organisatorischen Fähigkeiten, die zum Meistern dieser Anforderungen benötigt werden, klafft vielfach noch eine breite Lücke. Nicht viele Führungskräfte verstehen es, effektiv und kreativ über kulturelle Schranken hinweg zu arbeiten – aber genau diese Persönlichkeiten werden händeringend gesucht. Deshalb muss moderne und internationale Management-Weiterbildung just an dieser Stelle ansetzen.

Ebenfalls nicht sehr vielen ist bewusst, dass wir Zeitgenossen des 21. Jahrhunderts über einen Erfahrungsschatz verfügen, der schon viele Jahrhunderte vor uns zusammengetragen wurde. Dass dem Nachwuchs die höchste Bedeutung zukommt, dass ihm besondere Beachtung und Bildung geschenkt werden muss, ist seit Urzeiten bekannt, wenngleich es aus Egoismus und zuweilen purer Ignoranz nicht immer so gelebt wurde und wird, wie es erforderlich ist. Nach dem 8. Jahrhundert hat es die Alte Welt den unerschrockenen Fürsten der Wüste überlassen, Wissenschaft und Kunst neu in Europa zu beleben. Voraussetzung dafür war ein Gespür für die Notwendigkeit von permanenter geistiger Fortbewegung. Heute stehen wir wieder an einem Punkt in der Weltgeschichte, in dem wir dem Nachwuchs verbal unsere Wertschätzung entgegenbringen, von ihm lebenslanges Lernen fordern und dabei oft vergessen, dass zum Fordern auch das Fördern gehört. Warum, so frage ich, muss das Rad eigentlich immer wieder aufs Neue erfunden werden?

Rund 400 Jahre lang, etwa zwischen dem 9. und dem 13. Jahrhundert, war die iberische Halbinsel das Gehirn und das Herz Europas. Auf Anweisung der maurischen Herrscher Abd ar-Rahman II, Abd ar-Rahman III und Hakam II war dort ein Bildungssystem etabliert worden, wie es nirgends sonst auf dem Kontinent zu finden war. Die Elite dachte und handelte nicht rückwärts, sondern nach vorne, wollte voranschreiten und nicht zurückgehen, wollte mehr wissen und gab nicht vor, alles schon zu wissen. Mithin gab sie ihrer Jugend all den Raum, den Jugend braucht, um zu gebildeten und verantwortlich handelnden Erwachsenen heranzureifen. Wenn wir heute von Investitionen in den Nachwuchs sprechen, dann legitimieren wir unsere Gaben an die Jugend mit der Ökonomie: Bildung wird vorrangig als Investition in das Arbeitsleben betrachtet. Dahinter bleibt das Lernen für das Leben zurück. Dass das zu kurz gegriffen ist, können wir von den Mauren lernen.

# Kapitel 7
# Blick zurück im Dank

„Spanien! Das ist der Traum, die Erfüllung, die Krone des Arabertums", rühmt die Religionswissenschaftlerin und Historikerin Sigrid Hunke in ihrem berühmten Buch über den arabischen Einfluss auf Europa. (Hunke, S., 1960, S. 281) Dabei hatten die Einwanderer aus Syrien und Nordafrika in Iberien auf so gut wie nichts aufsetzen können, weder auf blühende Landschaften noch auf ein organisiertes Staatswesen noch auf eine Kultur, die diesen Namen verdient. Unter der Ägide der Westgoten war das Land geistig wie ökonomisch verarmt. Nichts hätten die Araber von den Einheimischen lernen können, was sie nicht vorher schon gewusst hatten, stellt Hunke klar: „Hier gab es nichts zu assimilieren, zu lernen, zu übernehmen, nachzuahmen, fortzuführen." (ebd.)

Dennoch haben die Mauren aus einer Nahezu-Wüste innerhalb von fast acht Jahrhunderten ein Paradies geschaffen. Und das aus ihrer ganz eigenen Kraft, die nichts dagegen hat, sich auch fremde Kräfte zunutze zu machen: „Was das Einmalige, Unvergleichliche der reifen Schönheit andalusischer Kultur ausmachte, war gewiss nicht persischem oder griechischem Geist verpflichtet, sondern mehr als anderswo arabischem Geist entsprungen, und als er aus Spanien verschwand, versank das Land in Armut und tödliches Schweigen. Nichts beweist seine schöpferische Kraft erschütternder." (ebd.)

781 Jahre währte das maurische Reich. Dasselbe Intervall liegt zwischen dem ersten Zollerhebungsrecht der deutschen Landesfürsten (1235) und dem geplanten Abschluss des Transatlantischen Freihandelsabkommen (TTIP) 2016, mit dem die Zölle in der gesamten westlichen Welt abgeschafft werden sollen. Eine solche Zeitspanne ist keine geschichtliche Episode, sondern eine Epoche. In den vorstehenden Kapiteln habe ich sie beschrieben und bebildert und versucht, sie für uns, die wir im 21. Jahrhundert leben, möglichst anschaulich zu beleben. Angetrieben wurde ich dabei von dem Wunsch, diese für Europa so prägende Epoche mit ihren wichtigsten Protagonisten uns allen erneut ins Bewusstsein zu rufen. Denn heute kommen wieder Muslime nach Europa, freilich nicht als Eroberer, sondern als Flüchtlinge und Bittsteller, die unseren Schutz und unsere Hilfe verdienen. Wäre das nicht eine guter Anlass für Europas Bürger und Politiker, danke zu sagen für das, was die Vorfahren dieser Menschen vor Hunderten von Jahren für unseren Kontinent getan haben?

Als Reisender durch die Welt und Erkunder untergegangener Kulturen bin ich fest davon überzeugt, dass der maurische Einfluss auf die Renaissance und die Befreiung Europas aus den geistigen Ketten des Mittelalters viel zu gering geachtet wird. Weil es Andersgläubige aus dem Orient waren, die mit ihren Strahlen von Bildung, Wissen und Kultur Licht in die dunkle Welt getragen haben? Weil es unser Stolz als aufgeklärte Europäer verbietet, uns an alle Wurzeln unserer Kraft zu erinnern – auch an solche, an deren einstige Kraft heute nicht mehr viel erinnert? Weil wir unsere Herkunft lieber von Griechen und Römern ableiten wollen, die gleich uns Äste vom europäischen Baum sind? Ich kann nur vermuten, doch trete ich jeder möglichen Ursache mit derselben Emphase entgegen: Gleich wem wir Europäer unsere zivilisatorischen Fortschritte zu verdanken haben – sie verdienen unser kollektives Erinnern, unser aller Respekt und unseren gemeinschaftlichen Dank.

Es sollte Europas Größe sein, sich auch zu seinen Schwächen zu bekennen. Die maurische Epoche in Spanien hätte uns Europäer lehren können, dass Bildung und Wissenszuwachs nur im ständigen Dialog der Völker, Kulturen, Weltanschauungen und Religionen Früchte trägt. Dass diese Lehre nur von sehr flüchtiger Gestalt war, beweist die gesamte Geschichte der Neuzeit. Dennoch halte ich den Versuch für gerechtfertigt, ja sogar für dringend geboten, wieder und wieder darauf hinzuweisen, dass der wahre Schatz Europas in seiner Vielvölkerherkunft und seinen multipolaren Einströmungen begründet ist. Mit Bildung und der Forderung nach lebenslangem Weiterlernen erstehen heute Werte wieder, die in der maurischen Kultur schon vor eintausend Jahren selbstverständlich waren. Es ist an der Zeit, sich darüber klar zu werden, wie viel wir aus unserer Geschichte lernen können.

Es soll hier nicht die Tugend bewährter Traditionen gering geredet werden – ganz im Gegenteil. Was gut ist, muss Vorbild bleiben. Ergänzung, Abrundung, Vervollkommnung allerdings sollte nicht nur gestattet, sondern ausdrücklich erwünscht sein. Denn Tradition und Innovation schließen einander nicht aus. Das Ziel von Individuen wie für Völker sollte unverrückbar darin bestehen, Gutes zu bewahren und Besseres aufzunehmen – gleichgültig, woher es stammt.

Der große Weltlehrer Wilhelm von Humboldt sagte einst: „Nur wer die Vergangenheit kennt, hat eine Zukunft." Offenbar hat jedoch nur der spanisch-amerikanische Philosoph und Schriftsteller George Santayana (1863 bis 1952) die Konsequenz erkannt, die aus der Missachtung der Humboldt'schen Weisheit resultiert. Denn er war es, der sagte: „Wer die Vergangenheit nicht kennt, ist gezwungen, sie zu wiederholen." Ist es nicht gerade unser Privileg, aus der Vergangenheit zu lernen, um in der Gegenwart klügere Entscheidungen zu treffen, welche uns selbst und denen, die nach uns folgen, eine bessere Zukunft ermöglichen?

Das gesamte Universum entwickelt sich ständig weiter, unterliegt einem ewigen Zyklus von Werden, Sein und Vergehen und damit auch alles, was in ihm ist. Entwicklung heißt, aus Vergangenem zu lernen, um in der Gegenwart klügere Entscheidungen zu treffen, die auf eine bessere Zukunft gerichtet sind.

Es ist eine Chance. Nehmen wir sie doch an.

# Abbildungsnachweise

Abbildung 1: By Theodor Hosemann (1807–1875) [Public domain], via Wikimedia Commons
Abbildung 2: Eigene Darstellung
Abbildung 3: akg-images/Erich Lessing, Schlacht bei Poitiers 732/Gem. Steuben
Abbildung 4: Wikipedia
Abbildung 5: Wikipedia
Abbildung 6: Bridgemanart, Abd ar-Rahman II, (788–852). Umayyad Emir of Córdoba in the Al-Andalus (Moorish Iberia) from 822 until his death. Abd ar-Rahman II receives the Basque ambassadors. Spain. Colored engraving
Abbildung 7: Abd ar-Rahman III (891–961) Receiving the Ambassador, 1885 (oil on canvas), Baixeras-Verdaguer, Dionisio (1862–1943)/University of Barcelona, Spain/Index/Bridgeman Images
Abbildung 8: Fotolia/©L. Shat
Abbildung 9: akg-images/Album/Documenta
Abbildung 10: akg-images/De Agostini Picture Lib./G. Dagli Orti
Abbildung 11: akg-images
Abbildung 12: Eigene Grafik nach Hottinger, Arnold (1995), Die Mauren. Arabische Kultur in Spanien. Zürich 2005 mit Material von d-Maps
Abbildung 13: Wikipedia
Abbildung 14: Rodrigo de Vivar, ‚El Cid' (c. 1043–99) and his father, Don Diego, c. 1827 (oil on canvas), Fragonard, Alexandre Evariste (1780-1850)/Private Collection/© Stair Sainty, London/Bridgeman Images
Abbildung 15: Eigene Grafik nach Brentjes, Burchard (1989), Die Mauren. Der Islam in Nordafrika und Spanien. Leipzig 1989 mit Material von d-Maps
Abbildung 16: Battle of Las Navas de Tolosa in which the kings of Castile defeat the Almohads in 1212 (oil on canvas), Halen, Francisco de Paula van (d. 1887)/Palacio del Senado, Madrid, Spain/Index/Bridgeman Images

Abbildung 17: La rendición de Granada, Gemälde von Francisco Pradilla, Wikipedia
Abbildung 18: Frankfurter Allgemeine Buch. Artwork: Julia Desch.
Abbildung 19: „Patio de los Arrayanes Alhambra 03 2014" by Tuxyso/Wikimedia Commons. Licensed under CC BY-SA 3.0 via Wikimedia Commons – https://commons.wikimedia.org/wiki/File:Patio_de_los_Arrayanes_Alhambra_03_2014.jpg#/media/File:Patio_de_los_Arrayanes_Alhambra_03_2014.jpg
Abbildung 20: Fotolia, © Fulcanelli
Abbildung 21: Fotolia, © Merijar
Abbildung 22: Fotolia © Alfonso de Tomás
Abbildung 23: Eigene Darstellung nach Baird, David, Symington, Martin und Tisdall, Nigel, Sevilla & Andalusien.
Abbildung 24: Fotolia, © Jose Ignacio Soto
Abbildung 25: 1001 Inventions Limited
Abbildung 26: Eigene Darstellung nach Hunke, Sigrid (1960), Allahs Sonne über dem Abendland. Stuttgart 1977
Abbildung 27: „Albucasis blistering a patient in the hospital at Cordova. Wellcome L0015000", http://wellcomeimages.org/indexplus/image/L0015000.html.
Abbildung 28: Fotolia, © malekas, bearbeitet
Abbildung 29: „TabulaRogeriana" von Al-Idrisi – Konrad Miller's collage of the Bodleian MS. Pococke 375 or possibly another based on the French National Library's MS. Arabe 2221. Lizenziert unter Gemeinfrei über Wikimedia Commons - https://commons.wikimedia.org/wiki/File:TabulaRogeriana.jpg#/media/File:TabulaRogeriana.jpg
Abbildung 30: Ibn Arabi (1165–1240). Arab Andalusian Sufi mystic and philosopher (coloured engraving),/Photo © Tarker/Bridgeman Images

# Literatur

**Avicenna (um 1020)**, Das städtische Leben gründet auf der Festigkeit der Ehe. In: Brunold, Georg (2013) Nichts als der Mensch. Köln 2013, S. 87–89

**Al-Khalil, Jim (2010)**, Im Haus der Weisheit. Die arabischen Wissenschaften als Fundament unserer Kultur. Frankfurt 2013

**Bobzin, Hartmut (2000)**, Mohammed. 4. Auflage. München 2011

**Bobzin, Hartmut (2007)**, Muhammad und die Einigung der Araber. In: Sie schufen Europa. Historische Porträts von Konstantin bis Karl dem Großen. München 2007

**Bossong, Georg (2005)**, Das Wunder von al-Andalus: Die schönsten Gedichte aus dem Maurischen Spanien. München 2005

**Bossong, Georg (2007)**, Das maurische Spanien, Geschichte und Kultur. München 2007

**Bossong, Georg (2008)**, Die Sepharden. Geschichte und Kultur der spanischen Juden. München 2008

**Boße, André (2015)**, Interview mit Michael Stuber. http://www.karrierefuehrer.de/branchen/hochschulen/der-berater-und-autor-michael-stuber.html (Abrufdatum 10.9.2015)

**Brentjes, Burchard (1989)**, Die Mauren. Der Islam in Nordafrika und Spanien. Leipzig 1989

**Brett, Michael, Forman, Werner (1980)**, Die Mauren. Islamische Kultur in Nordafrika und Spanien. Luzern 1986

**Bruhns, Annette (2010)**, Ein Traum von Atlantis. In: Spiegel-Geschichte 5/2010

**Buchta, Wilfried (2004)**, Schiiten. Kreuzlingen/München 2004

**Compagno, S.; Tedesco, E.** (2015), Fussballfans wählen FCB zum Klub aller Klubs, 20min, 28.1 2015. http://www.20min.ch/sport/dossier/superleague/story/16912514 (Abrufdatum 6.9.2015)

**Clot, André** (2002), Das maurische Spanien, 800 Jahre islamische Hochkultur in Al Andalus. Düsseldorf 2004

**Döhla, Hans-Jörg** (2003), Grenzverschiebungen und kultureller Austausch im Spanien der Reconquista. In: Brücher, Hartmut Grenzverschiebungen, Interdisziplinäre Beiträge zu einem zeitlosen Phänomen. St. Ingbert 2003

**Dostert, Elisabeth** (2010), In Deutschland heißt Führen, hart zu sein. In: Süddeutsche Zeitung vom 17.5.2010

**Dragolov, G.; Ignácz, Z.; Lorenz, J.; Delhey, J.; Boehnke, K.** (2013), Radar gesellschaftlicher Zusammenhalt. Bertelsmann Stiftung 2013, S. 28 ff.

**Esch, Franz-Rudolf** (2015), Polarisierende Markengene. http://www.esch-brand.com/wp-content/uploads/2015/06/Absatzwirtschaft-06-2015-l-Polarisierende-Markengene.pdf (Abrufdatum 10.9.2015)

**Ferrin, Emilio** (2006), Historia general de Al-Ándalus (Huellas Del Pasado). Córdoba 2006

**Florida, Richard** (2012), The Rise of the Creative Class. Zweite Auflage, 2012, S. 249

**Frankfurter Allgemeine Zeitung** (2012), Thyssen-Krupp-Chef rechnet mit Management ab (11.12.2012). http://www.faz.net/aktuell/wirtschaft/unternehmen/der-ausgangspunkt-der-debatte-der-thyssen-krupp-chef-schimpft-auf-das-alte-fuehrungsverstaendnis-11989649.html (Abrufdatum 5.10.2015)

**Freller, Thomas** (2009), Granada, Königreich zwischen Orient und Okzident. Ostfildern 2009

**Gerli, Michael (Hrsg.) (2003)**, Medieval Iberia: An Encyclopedia. Routledge 2003

**German Graduate School of Management and Law, GGS** (2015), Studie zu Manager-Persönlichkeiten. https://www.ggs.de/medien/presse-detailansicht/article/studie-zu-manager-persoenlichkeiten (Abrufdatum 20.9.2015)

**Gomez, Emilio Garcia; Levi-Provençal, E.** (1981), Sevilla a comienzos del siglo XII: el tradado de Ibn 'Abdun. Sevilla 1981

**Gresser, Georg (2011)**, Haragener, Sarazener, Mauren, Türken, Moabiter – Wahrnehmung und Wertung der Araber und Muslime in päpstlichen Dokumenten bis zum 12. Jahrhundert. In: Crossroads between Latin Europe and the Near East: Corollaries of the Frankish Presence in the Eastern Mediterranean ($12^{th}$ – $14^{th}$ centuries). Würzburg 2011

**Hagmann, Peter (2014)**, Der Manager als kreativer Geist. In: Neue Zürcher Zeitung vom 10.3.2014

**Hockling, Sabine (2014)**, Mitarbeiter bloß nicht hinhalten. In: Die Zeit online vom 22.8.2014. http://www.zeit.de/karriere/beruf/2014-08/talentmanagement-fuehrungskraefte (Abrufdatum 7.10.2015)

**Hottinger, Arnold (1995)**, Die Mauren. Arabische Kultur in Spanien. Zürich 2005

**Hunke, Sigrid (1960)**, Allahs Sonne über dem Abendland. Stuttgart 1977

**Hunt, V.; Layton, D.; Prince, S. (2015)**, Why diversity matters. McKinsey & Company, Januar 2015. http://www.mckinsey.com/insights/organization/why_diversity_matters (Abrufdatum 10.8.2015)

**Ilisch, Lutz (2014)**, Geldgeschichten. Handel zwischen islamischem und karolingischem Reich. In: Stiftung Deutsches Historisches

Museum (Hrsg.) Kaiser und Kalifen, Karl der Große und die Mächte am Mittelmeer um 800. Darmstadt 2014

**Irving, Washington** (1832/2010), Erzählungen von der Alhambra. Granada 2010

**Korn, Lorenz** (2008), Geschichte der islamischen Kunst. München 2008

**Kowalewsky, Reinhard** (2015), Die Zukunft von NRW. In: Rheinische Post vom 8.8.2015

**Krämer, Gudrun** (2008), Geschichte des Islam. München 2015

**Kuffner, Katharina** (2010), Die letzten Mauren. Geschichte der Moriscos in vier Sätzen. Wien 2010

**Lombard, Maurice** (1971), Blütezeit des Islam – Eine Wirtschafts- und Kulturgeschichte 8. bis 11. Jahrhundert. Frankfurt 1992

**ManPower** (2015), Deutsche Arbeitgeber geizen mit Karriereförderung. https://www.manpower.de/neuigkeiten/presse/pressemitteilungen/deutsche-arbeitgeber-geizen-mit-karrierefoerderung (Abrufdatum 17.10.2015)

**Marboe, René Alexander** (2006) Von Burgos nach Cuzco. Das Werden Spaniens 530 – 1530. Essen 2006

**Michler, Inga** (2011), Warum große Firmenfusionen immer wieder scheitern. In: Die Welt online vom 21.4.2011. http://www.welt.de/wirtschaft/karriere/leadership/article12878747/Warum-grosse-Firmenfusionen-immer-wieder-scheitern.html (Abrufdatum 29.9.2015)

**Neue Zürcher Zeitung** (2013), Wir haben unsere Ziele übertroffen. http://www.nzz.ch/sport/fussball/wir-haben-unsere-ziele-uebertroffen-1.18089000 (Abrufdatum 6.8.2015)

**Regitz, H.** (2012), Alles war Spaß auf Schweizer Erden. In: Die Welt vom 30.3.2012, S. 24

**Salam, Abdus** (1984), Islam and Science: concordance or Conflict? Rede im Haus der Unesco auf Einladung der Organisation Islam and the West am 27. April 1984. http://islam-science.net/islam-and-science-concordance-or-conflict-by-prof-abdus-salam-3304/ (Abrufdatum 25. September 2015)

**Schmeer, Sigrid** (1999), Die Mauren in Spanien – Geschichte einer islamischen Kultur im europäischen Mittelalter. http://stud-www.uni-marburg.de/~Schmeer/mauren.html (Abrufdatum 20.08.2015)

**Schmidt, Kristin** (2015), Die Jungen haben immer schon die alten kritisiert. In: WirtschaftsWoche online. http://www.wiwo.de/erfolg/beruf/peter-fankhauser-die-jungen-haben-schon-immer-die-alten-kritisiert/11747372.html (Abrufdatum 20.9.2015)

**Schmitz, Wolfgang** (2014), Wir werden gefördert, nicht hofiert. In: VDI nachrichten vom 1.8.2014

**Schulze, Ludger** (2013), Die Rothosen. In: Süddeutsche Zeitung vom 23.5.2013, S. 41

**Stähli, Albert** (2001), Management-Andragogik I: Harvard Anti Case. Berlin, Heidelberg, New York 2001

**Stähli, Albert** (2003), Leadership in der Management-Andragogik. In: Berndt, Ralph (Hrsg.) Leadership in turbulenten Zeiten, Berlin/Zürich 2003

**Stähli, Albert** (2006), Management-Andragogik II: Zurich Living Case. Berlin, Heidelberg, New York 2006

**Stähli, Albert** (2012), Maya-Management. Lernen von einer Elitekultur. Frankfurt 2012

**Stähli, Albert** (2013), Inka-Government. Eine Elite verwaltet ihre Welt. Frankfurt 2013

**Stähli, Albert** (2013a), Azteken-Herrschaft. Warum auch Eliten untergehen können. Frankfurt 2013

**Stähli, Albert** (2014), Wikinger und Waräger. Die Pioniere der Globalisierung. Frankfurt 2014

**Stähli, Albert** (2015), Die Normannen. Integrationskünstler und Europäer der ersten Stunde. Frankfurt 2015

**Stähli, Albert** (2015a), Die Franken. Europas Bildungsstrategen der ersten Stunde. Frankfurt 2015

**Sutton, Robert** (2011), Bad Boss: 14 Horror Stories About The World's Worst Bosses. In: Huffington Post vom 25.5.2011. http://www.huffingtonpost.com/robert-sutton/badboss-14-boss-horror-stories_b_770165.html (Abrufdatum 3.10.2015)

**Traub, Rainer** (2011), Die Macht der Kalifen. In: Spiegel Geschichte 3/2011. Hamburg 2011

**Wenskus, Reinhard** (1977), Stammesbildung und Verfassung: Das Werden der frühmittelalterlichen gentes. Köln/Wien 1977

**Wördemann, Franz** (1985), Die Beute gehört Allah. Die Geschichte der Araber in Spanien. München 1985

# Der Autor

Albert Stähli, Dr. rer. soz. oec., ist anerkannter Experte auf dem Gebiet der modernen Management-Andragogik und Autor mehrerer Bücher und Schriften zu diesem Thema. Um die Weiterbildung von Executives in der Wirtschaft und deren Berufsanforderungen entsprechend zu gestalten, gründete und leitete er die Graduate School of Business Administration (GSBA) in Zürich und Horgen am Zürichsee. Als passionierter Weltentdecker beschäftigt er sich seit vielen Jahren mit historischen Kulturen, unter anderen mit denen der Sonnenkönigreiche in Süd- und Mittelamerika, der nord- und westeuropäischen Ethnien sowie der arabischen Völker. Mit seinen Büchern und Vorträgen hat er sich auch außerhalb der Schweiz den Ruf einer Autorität erworben. Als gelernter Andragoge interessieren ihn ganz besonders die Bildungskulturen in den untergegangenen Reichen. Albert Stähli lebt nahe Zürich in der Schweiz.